투자의
심리학

투자의
심리학

초판 인쇄 2021년 2월 18일
초판 발행 2021년 3월 2일

지은이 구본기
펴낸이 유해룡
펴낸곳 (주)스마트북스
출판등록 2010년 3월 5일 | 제2011-000044호
주소 서울시 마포구 월드컵북로 12길 20, 3층
편집전화 02)337-7800 | **영업전화** 02)337-7810 | **팩스** 02)337-7811
원고투고 www.smartbooks21.com/about/publication
홈페이지 www.smartbooks21.com

기획 및 책임편집 안진숙 | **교정교열** 이승미 | **디자인** 김민주

ISBN 979-11-90238-41-0 13320

투자의 심리학

구본기 지음

스마트북스

프롤로그

재테크 황금기를 살고 있는 당신에게

우리가 흔히 말하는 '재테크'는 재무財務와 테크놀로지technology를 합친 말로, 1980년대 초반 일본에서 생겨났습니다. 원래는 기업 경영 용어였으나, 정부의 초저금리 정책으로 기존 자산운용 방식에 한계를 느낀 일본인들 사이에서 재테크라는 용어가 차츰 퍼지기 시작했습니다. 다음은 제가 2015년에 출간한 책의 프롤로그 중 일부입니다.

1986년 11월 18일 〈동아일보〉 기사는 일본 내 재테크 유행 소식을 이렇게 전한다.

"재테크란 재무전략 테크놀로지를 줄인 말로 쉽게 풀이하면 재산을 늘리는 테크닉이다. … 재테크는 오늘을 사는 일본인들에게 필수 조건처럼 여겨진다. 따라서 돈이 불어날 틈새만 있으면 우르르 사람들이 몰려 홍수 현상을 일으키는 것이 자기방어적이면서도 탐욕적으로 비친다."

기자가 '자기방어적이면서도 탐욕적'이라고 표현한 재테크는 1990년대 후반 즈음 한국에 전격 상륙했다. 그 뒤 2000년대 초중반에 이르러 화려한 전성기를 맞이했다. 당시 세계 경제는 어쩌면 앞으로 수십 년간 다시 보기 힘들 대호황기였다. IMF 외환위기를 막 졸업한 한국에서는 유독 큰 호황의 바람이 일었다. 아파트값이 V자를 그리며 격하게 반등했고, 종합주가지수가 하늘 높은 줄 모르고 치솟았다. 사람들이 돈을 싸 들고 앞다퉈 은행과 증권사, 부동산으로 향했다. 미래에셋이 적립식 펀드를 선보이면서 1인 1펀드 시대를 활짝 열어젖혔고, 은행들은 "우리도 미래에셋 펀드를 취급합니다"라는 현수막을 내걸고 영업에 열을 올렸다.

둘 이상만 모이면 주식 투자와 부동산 경매 이야기로 꽃을 피웠다. 서점가에는 제목에 '재테크'와 '부자' 키워드가 들어간 책들이 홍수를 이뤘다. 수많은 사람이 재테크 고수와 전도사를 자처하며 등장했다. CMA, MMF 같은 상품이 유행했고 복리 이자나 비과세, 세금우대 같은 용어들이 더 이상 낯설지 않게 되었다. TV에서는 매일같이 금융 전문가들이 출현해 부자되는 법을 설명했다. 사람들 사이에서 '10억 만들기' 바람이 불었다.

이 모든 것이 2007년 미국에서 '서브프라임 모기지 사태'가 터지기 전까지의 상황이다. … 한국의 재테크 시계는 완전히 부서졌다. 주택 시장은 명실상부한 침체기에 돌입했고 주식 시장은 박스권 안에서 지루하게 오르내림만을 반복하고 있다. TV에 매일같이 나오던 금융 전문가들은 연기처럼 사라졌다. 서점가에서 홍수를 이루던 재테크 관련 책들도 썰물처럼 빠져나갔다. … 궁금하다. 10억 만들기에 열중했던 이들은 지금쯤 5억이라도 모았을까? … 재테크는 끝났다. 남은 것은 허울 좋은 '재테크'라는 말과 2007년 이전에나 쓰이던 '낡은 방법론'들이다. 아직까지도 전문가 행세를 하는 몇몇 치들이 그 보잘것없는 방법들을 부여잡고 있기는 하지만, 역사는 이미 그 방법들이 엉터리라는 사실을 증명했다. 복리 효과는 없었다. 장기 투자도 정답이 아니었다. 레버리지 투자는 최악이었다. 대박은 환상이었다. 아무도 부자가 되지 못했다.

어떤가요? 재테크가 끝났다니, 요즘 분위기와는 사뭇 다르죠? 2000년대 초중반을 '재테크 황금기'라고 한다면, 2000년대 후반부터

2010년대 중반까지는 '재테크 암흑기'였습니다. 그리고 2021년, 재테크 황금기가 다시 돌아왔습니다. 이전과는 조금 다른 모양이긴 하지만 2018년에는 소위 '갭 투자'가 뜨며 부동산 시장이 들썩였고, 2020년에는 '동학 개미 운동'이라는 우스갯말을 앞세운 사람들이 주식 시장에 몰려들었습니다.

근래에 주식 투자 등으로 돈을 벌었다는 이들의 소식이 곳곳에서 들려옵니다. 주위를 둘러봅니다. 사람들이 틈만 나면 주식이나 부동산 투자 이야기를 합니다. 신문을 보니 재테크 관련 서적의 판매량이 늘었다고 합니다. 특히 주식 투자 서적은 보기 드문 성과를 내고 있다고 합니다. 여러 방송에서 재테크 고수와 전도사를 자처하는 이들이 등장해 현란한 말솜씨를 뽐냅니다. 어딘가 익숙한 광경이죠? 마치 타임머신을 타고 10여 년 전 어느 날로 돌아온 것만 같습니다.

이 책은 2011년에 출간한 《당신이 재테크로 부자가 될 수 없는 이유》의 개정판입니다. 당시 막 막을 내린 재테크 황금기를 돌아보며

'우리가 진작 알았더라면 좋았을 것들'을 수집해 엮었습니다. 어떤 일이든 시간이 지나서 뒤를 돌아보면 무엇이 부족했는지가 뚜렷하게 보이는 법이죠.

재테크 황금기를 온몸으로 겪은 후에 뒤를 돌아보니 알겠더군요. 당시 우리에게 부족했던 건 재테크에 대한 세세한 기술 따위가 아니었습니다. 그때 우리에게는 말 그대로 '기본'이 부재했습니다. 기본이란 주식이나 부동산 투자에 임하는 태도나 마음가짐을 뜻합니다. 그런 것들을 탄탄히 정비하지 않은 상태에서 무작정 재테크 시장에 뛰어들면, 금융회사와 언론사 등이 생산하는 각종 선전에 무방비로 노출되어 제대로 중심을 잡기가 어렵습니다.

당시 제 주변에는 줏대 없이 세태에 따라 투자를 하다가 큰돈을 잃은 이들이 상당했습니다. 그들을 독자로 상정해 재테크의 기본을 정비할 수 있는 내용 위주로《당신이 재테크로 부자가 될 수 없는 이유》를 썼습니다. 그리고 한국 사회가 본격적인 재테크 암흑기에 접어

들면서 자연스럽게 그 쓰임이 다해 절판되었습니다. 그런데 이렇게 세월이 순환하여 다시 책에 담긴 메시지가 유용한 날이 오게 되다니, 역시 세상은 오래 살고 볼 일입니다.

옛 책이 다시 시대와 호응하게 되어 생명력을 되찾는 것도 좋지만, 무엇보다 마음에 드는 건 출간 시기입니다. 《당신이 재테크로 부자가 될 수 없는 이유》는 재테크 황금기가 저문 뒤 출간된 탓에 독자에게 사후적 해설을 제공하는 정도의 역할밖에 하지 못했습니다. 하지만 이번에는 다릅니다. 이 책은 제2의 재테크 황금기 한가운데에서 출간하게 됐습니다. 책이 독자들 투자 행태 개선 등에 개입할 수 있는 여지가 생긴 것입니다.

개정판이라고는 하지만 많은 부분이 달라졌습니다. 불필요한 내용은 과감히 삭제했고, 최신 사례를 여럿 추가했습니다. 10년 전과 현재를 비교하면서 보면 좋을 부분은 살려두었습니다. 재테크의 과거와 현재를 함께 보면 지금 우리의 투자 행태와 심리 등이 결코 새롭지 않다는 걸 확인하게 될 것입니다.

제2의 재테크 황금기를 바라보는 저의 마음은 편치 않습니다. 우리가 주식 투자 등에 열중하는 이유가 다른 데에 있지 않다는 걸 잘 알기 때문입니다. 작금의 한국 사회는 너무나도 불안정합니다. 우리는 '노동 소득'에만 의지해서는 제대로 먹고살 수가 없다고 여깁니다. 물론 이는 여지없는 사실입니다. 공무원이 아닌 이상 노동 소득도 언제까지 이어질지 장담할 수가 없습니다. 하루하루가 불안합니다. 매일의 불안, 그것이 우리 삶의 현주소입니다. 사는 게 팍팍합니다. 그 탓에 자꾸만 노동 소득 외 소득인 불로 소득을 찾아 헤매는 것입니다.

만약 우리 사회의 직업 안정성이 아주 높고 복지 수준도 상당하여 열심히 일만 하면 먹고사는 데 아무런 걱정이 없다면, 우리가 굳이 이렇게까지 재테크에 목을 맬 일도 없을 것입니다. 그렇다고 자칭 타칭 생활경제 전문가인 제가 재테크에 지나치게 몰두하는 이들을 마냥 지켜만 보고 있을 수는 없는 노릇입니다. 저는 여태껏 재테크를 하다가 망한 이들을 수도 없이 봐왔습니다. 그런 제가 이 과열 국면에 여러분께 "지금 정신 똑바로 차리시지 않으면 정말 큰일 납니다!"라고 외치지 않는 것은 뚜껑 열린 맨홀을 향해 걷는 사람을 목격했음에도 "앞을 보세요!"라고 소리치지 않는 것만큼이나 부도덕한 일입니다.

겨우 기본을 다룬 책입니다. 어려운 내용은 하나도 없습니다. 분량도 얼마 되지 않습니다. 그러니 부디 편한 마음으로 본문 첫 장을 여시기 바랍니다. 이 작은 책이 여러분의 살림을 지키고 재산을 불리는 데 도움이 되었으면 좋겠습니다.

2021년 3월

구본기

차례

PART 3 빤한 예측에 속아 넘어갈 수밖에 없는 이유

PART 4 겁에 질린 당신이 지갑을 열고 뛰어가는 곳

PART

5

우리는 왜 부자가 되지 못하는가

* 이 책에서 말하는 '금융회사'는 은행, 보험, 증권사를 넘어서 투자 자문 회사나 기획 부동산 등을 포함한 광의의 개념입니다.

WASHINGTON,D.C.

PART 1

투자, 처음부터
불리한 게임이다

누구나 모르는 정보는 적대한다

여러분이 어려서부터 종교를 가지고 있었다면 그 종교는 부모님의 종교와 같을 가능성이 매우 높습니다. 어떤 식으로든 어린 시절부터 부모님에게 특정 종교의 주입을 받기 때문입니다. 만약 여러분이 스스로 '모태 신앙'이라고 여기는 사람이라면, 여러분은 종교에 대한 자유로운 사고를 할 수 있는 그 이전부터 부모님으로부터 특정 종교에 대한 주입을 꾸준하게 받아왔을 것입니다.

대부분의 한국인은 기독교와 불교 등을 제외한 다른 종교에 대해서는 배타적입니다. 심지어 어떤 사람들은 그 종교들을 '가짜'나 '사이비'라고 부르는 것도 서슴지 않습니다. 하지만 이렇게 생각해봅시다. 만약 그 어떤 사람들이 아프가니스탄이나 아프리카에서 태어났다면, 오히려 종교적인 관점에서 정반대로 생각할 가능성이 매우 높지 않을까요?

이렇듯 어린 시절에 주입된 정보는 성인이 되어서도 그 사람의 생각과 행동에 매우 큰 영향을 미칩니다. 이러한 현상은 사회적 관행에도 마찬가지로 적용됩니다. 대표적인 사례가 우리나라에서 유행하고 있는 청소년 포경수술입니다. 과학적 근거가 없음에도 불구하고 오래 전부터 불필요한 포경수술이 계속되고 있습니다. 과거 성장 시절에 포경수술을 받았던 남성들이 성인이 되어서 과학적 근거가 없다는 것을 알게 되지만, 왠지 모를 불안감 때문에 자신의 아이들에게 포경수술을 시키고 있는 것입니다. 물론 비뇨기과 의사들은 우리나라 남성들이 불필요한 포경수술을 하고 있다는 것에 대해 부러 언급하지 않습니다. 포경수술이 비뇨기과 의사들의 수입에서 상당한 부분을 차지하고 있기 때문입니다.

비단 어린 시절에 주입된 정보만이 그 사람의 생각과 행동에 영향을 미치는 것은 아닙니다. 사람은 성인이 된 후에도 자신이 전혀 경험하지 못한 영역이나 불확실한 분야의 처음 접하는 정보에 많은 영향을 받게 됩니다. 처음 접하게 되는 정보를 기준으로 그 주변에서 해답을 구하는 것입니다.

와인에 문외한인 사람들이 모였다고 해봅시다. 그들 앞에 2,000

만 원짜리 와인이 있습니다. 이제 그들이 와인의 가격을 추측해 대답을 합니다. 만약 처음에 어떤 사람이 와인의 가격을 100만 원이라고 대답한다면, 그 뒤에 대답을 하는 사람들은 1,000만 원이나 1,500만 원 이상의 가격을 상상하지 못한 채로 150만 원이나 80만 원 등을 값으로 부르게 됩니다. 와인 값에 대한 추측이 가장 먼저 인지한 값인 100만 원 주변에서 맴돌게 되는 것입니다. 이런 현상은 마치 닻anchor을 내린 선박이 그 주변만을 맴도는 것과 같다고 해서 '앵커링anchoring 현상'이라고 불립니다.

앵커링은 미국의 심리학자인 대니얼 카너먼Daniel Kahneman과 아모스 트버스키Amos Tversky가 실험을 통해서 고안해낸 개념입니다. 그들은 일반인들을 상대로 UN 회원국 중에서 아프리카 지역 국가의 비율을 묻는 실험을 했습니다. 내용은 간단했습니다. 우선 실험 참가자들은 숫자판을 돌립니다. 숫자판이 멈추면 그 내용을 확인한 뒤에 UN 회원국 중에서 아프리카 국가가 차지하는 비율을 말합니다. 어떤 결과가 나왔을까요? 숫자판의 숫자가 낮게 나온 사람은 아프리카 국가의 비율을 낮게 말했고, 숫자가 높게 나온 사람은 아프리카 국가의 비율을 높게 말했습니다.

대니얼 카너먼이 실시한 다른 실험도 살펴봅시다. 그는 고도가 8,848미터인 에베레스트 산에 관한 정보가 전혀 없는 두 그룹의 사람들에게 산의 고도가 과연 몇 미터일지를 물었습니다. 첫 번째 그룹에게는 에베레스트 산이 600미터보다 높은지 낮은지를 물었고, 두 번째 그룹에게는 에베레스트 산이 1만 4,000미터보다 높은지 낮은지를 물었습니다. 그런 다음 답변과는 관계없이 다시 산의 정확한 높이를 추정하도록 했는데, 첫 번째 그룹의 평균 추정치는 2,400미터, 두 번째 그룹의 평균 추정치는 1만 3,000미터가 나왔습니다. 처음에 제시한 기준점을 따라 두 그룹의 대답 방향이 갈린 것입니다.

이러한 앵커링 현상은 우리 주변에서도 다양하게 나타납니다. 주식 시장의 '싸다'와 '비싸다'라는 개념에도 앵커링 현상이 적용됩니다. 주식이 싸다는 것은 주식을 되팔 때의 예상 가격보다 싸다는 뜻입니다. 구입 가격보다 판매 가격이 높으면 당연히 이익이 생깁니다. 그러므로 구입 가격은 매각을 판단하는 중요한 기준입니다. 바로 이런 논리로 구입 가격에 '닻'이 내려지는 것입니다.

가격이 싸다고 생각하는 경우는 또 있습니다. 과거의 평균치에 비해 가격이 떨어진 경우입니다. 평소에 5,000원에 거래되던 주식이 4,500원까지 떨어진다면, 평소보다 500원이 싸다는 생각에서 매입을 결정하게 됩니다. 현재의 4,500원이 과거의 평균치인 5,000원으로 돌아갈 것이라고 믿기 때문입니다. 즉 500원의 이익을 기대하는 것입니다. 이러한 경우에는 과거의 평균치에 닻이 내려지는 것입니다. 시장에서 벌어지는 상인과 손님의 흥정 역시 처음에 부른 가격이 최종 가격을 좌우한다는 점에서 앵커링 현상에 영향을 받는다고 할 수 있습니다.

뿐만 아니라 사람들은 처음 알게 된 생소한 개념이나 특정 분야에서 처음으로 주목받은 사람 등을 아주 오래, 그리고 선명하게 기억합니다. 다음 두 가지 간단한 질문이면 바로 그 사실이 증명됩니다.

첫 번째 질문입니다.

"달 표면에 첫 번째 발자국을 남긴 사람은 누구일까요?"

맞습니다. 닐 암스트롱Neil Armstrong 입니다.

"그렇다면 두 번째로 발자국을 남긴 사람은 누구일까요?•"

두 번째 질문입니다.

"세계에서 가장 높은 산은 어디일까요?"

맞습니다. 히말라야 산맥의 에베레스트 산입니다.

"그렇다면 두 번째로 높은 산은 어디일까요?••"

"1등만 기억하는 더러운 세상"이라는 유행어가 괜히 있는 게 아니죠.

• 정답은 버즈 올드린(Buzz Aldrin)입니다.

•• 정답은 중국과 파키스탄 국경에 위치한 'K2'입니다.

잘못된 정보의 힘은 강력하다

사람들이 앵커링 현상에 빠지는 이유는 분명합니다. 바로 '무지'와 '불확실성' 때문입니다. 어떤 대상에 대해 기대하는 효용이나 값 등에 대한 지식과 확신이 없을 때 손쉽게 찾을 수 있는 정보에 생각의 닻을 내리는 것입니다. 이는 다르게 말하면 누군가가 정보 이용자에게 고의로 왜곡된 정보를 건넨다면 얼마든지 그 정보 이용자를 올바른 방향이 아닌 다른 방향으로 나아가게 조종할 수도 있다는 말이 됩니다.

물론 그런 일들은 실제로도 벌어지고 있습니다. 화장품 시장을 한번 살펴봅시다. 사람들은 고가의 화장품은 피부 깊숙이 스며들어 피부 개선에 탁월한 효능을 발휘할 것이라는 믿음을 가지고 있습니다. 이는 오류입니다. '화장품법' 제2조 1호는 화장품을 다음과 같이 정의하고 있습니다.

"인체를 청결·미화하여 매력을 더하고 용모를 밝게 변화시키거나 피부·모발의 건강을 유지 또는 증진하기 위하여 인체에 바르고 문지르거나 뿌리는 등 이와 유사한 방법으로 사용되는 물품으로서 인체에 대한 작용이 경미한 것."

그렇습니다. 화장품은 '인체에 대한 작용이 경미한 것'입니다. 화장품 회사들이 제공하는 광고 등을 통한 정보처럼 정말로 고가의 화장품이 사람 피부에 깊숙이 스며들어 피부 개선에 탁월한 효능을 발휘한다면, 그것은 화장품이 될 수 없습니다 그런 것은 '약사법'에 의한 '의약품'으로 분류가 됩니다.

사실 이는 누구나 조금만 생각을 해보면 이내 답을 구할 수 있는 쉬운 문제입니다. 만약 화장품이 사람 피부에 깊숙이 스며들어 진피眞皮 내 혈액을 통해 몸 전체로 퍼져 나간다면 사용자의 신체 기능 전반에 나쁜 영향을 미칠 수도 있을 것입니다. 예를 들어, 임산부가 사용할 경우에는 태아에게도 영향을 미칠 수 있는 겁니다. 하지만 화장품 용기와 설명서 등 그 어디에도 '임산부와 수유기에 있는 여성은 사용하면 안 된다'는 문구는 없습니다. 그래도 과거와 달리 요즘에는 이런 것들에 많이 예민해졌기 때문에 안전이 보장된 것에는 '임산부, 아이 모두 사용 가능'하다는 문구를 넣기도 합니다. 하지만 '사용하면 안 된다'는 문구는 여전히 보기 힘들죠.

사람들에게 왜곡된 정보 혹은 과장된 정보를 제공함으로써 잘못된 믿음을 조장하는 사례는 비단 화장품 시장에만 국한되어 있지 않습니다. '돈이 되는 시장'이라면 거의 예외 없이 '꾼'들이 만들어낸 거짓 정보들이 홍수를 이룹니다. 그리고 그러한 현상은 '정말로 돈이 되는 시장'인 '재테크 시장'이 다른 시장에 비해 정도가 심합니다.

당신이 만든 룰은 어디에도 없다

현재 여러분이 참여하고 있는 재테크 시장은 여러분이 아닌 다른 누군가들이 이미 만들어놓은 이른바 '기성 시장'입니다. 그 누군가들이 먼저 시장의 룰을 만들었고, 여러분은 그 룰에 따라서 저축, 투자 등의 행위를 합니다. 아래와 같은 것들이 바로 재테크 시장의 룰입니다.

- 주거래 은행을 만들어야 한다.
- 신용 등급을 관리해야 한다.
- 장기 투자를 해야 한다.
- 분산 투자를 해야 한다.

– 복리 효과를 이용할 수 있는 금융 상품에 투자해야 한다.

어디서 많이 들어본 이야기일 것입니다. 이 중에서 혹시 여러분이 만든 것이 있나요? 아마 단 하나도 없을 겁니다. 그럼 대체 재테크 시장의 룰은 누가 만드는 걸까요? 바로 '금융회사들은행, 보험, 증권사는 물론이고 투자 자문 회사나 기획 부동산 등을 포함한 모든 곳'입니다.

카지노 룰렛에는 37개의 구멍이 있습니다. 그 구멍에는 0부터 36까지 숫자가 쓰여 있고, 회전이 끝나면 조그만 금속 공이 한 구멍에 떨어집니다. 참가자는 홀수와 짝수에 베팅을 할 수도 있고, 빨간색이나 검은색에 할 수도 있습니다.

1부터 36까지만 계산하면 카지노 측은 손해도 나지 않고 이익도 나지 않을 것처럼 보입니다. 홀수나 짝수, 빨간색이나 검은색 모두가 18개씩이니 평균적으로 따졌을 때 참가자 절반이 홀수에, 또 다른 절반이 짝수에 베팅을 한다면 카지노 측은 참가자 절반에게는 돈을 내주고 또 다른 절반에게는 돈을 거두어들일 것이기 때문입니다.

카지노 측이 룰렛에서 돈을 벌어들이는 비결은 '초록색 0'에 있습니다. 초록색 0은 짝수도 홀수도 아니고, 빨간색도 검은 색도 아닙니다. 공이 초록색 0에 떨어지면 카지노 측은 참가자들이 건 판돈 전부를 거둬들입니다. 그래서 카지노 측은 참가자들과 가능한 한 많은 게임을 하려고 합니다. 그래야 더욱 많은 공을 초록색 0에 떨어뜨릴 수 있기 때문입니다.

그런 이유로 카지노에는 시계와 창문이 없습니다. 제공되는 음료도 모두 공짜입니다. 참가자들이 다른 것에는 일절 신경 쓰지 않고 오직 게임에만 몰두할 수 있게 하려는 카지노 측의 '작은 배려'인 거죠.

카지노의 룰렛 게임을 통해 살핀 것처럼 우리가 다른 누군가에 의해 이미 만들어진 시장카지노에서 누군가가 만들어놓은 룰룰렛에 따라서 게임을 하고 있다는 것은 그 누군가보다 우리가 불리한 게임을 하고 있다는 것을 의미합니다.

제가 여러분에게 게임을 하나 제안하려고 합니다. 게임 이름은 '구본국의 점심식사 게임'이고, 룰은 다음과 같습니다.

- 게임 참가자들은 서울시 구로구에 사는 구본국이라는 남성이 내일 점심식사 비용으로 얼마를 사용할 것인지를 미리 예측해서 말해야 합니다.
- 실제 사용한 식사비에 가장 가까운 금액을 말한 사람이 이깁니다.
- 참가자들은 자신의 전 재산을 걸어야 합니다.

참고로 구본국은 제 막냇동생입니다. 카지노처럼 저도 여러분을 위해 작은 배려를 준비했습니다. 구본국의 점심식사 게임에 관한 국내 최고 수준의 전문가가 여러분을 도울 것입니다. 그 전문가의 이름은 구본석이고, 제 첫째 동생입니다. 어떻습니까? 제가 제안한 게임을 받아들이시겠습니까?

아마 여러분은 제가 제안한 게임을 받아들이지 않을 것입니다. 제가 너무 무턱대고 게임을 제안했기 때문입니다. 만약 제가 여러분의 재산을 정말로 탐냈다면, 저는 이렇게 무턱대고 게임을 제안하지는 않았을 것입니다. 여러 '사전 작업'을 통해 저와 제 동생들이 여러분 편이라는 믿음을 강하게 심어 준 후에야 비로소 '구본국의 점심식사 게임'을 제안했을 것입니다.

우리 주변에서 볼 수 있는 가슴 아픈 일의 대부분이 이렇게 일어납니다. 험상궂게 생긴 낯선 사람이 무턱대고 찾아와 여러분의 재산을 빼앗을 확률보다는 평소에 믿고 있던 사람이 웃는 얼굴로 다가와 여러분의 재산을 빼앗을 확률이 더 높습니다.

이번에는 금융회사가 여러분에게 게임을 하나 제안했다고 생각해봅시다. 게임의 이름은 '재테크 게임'입니다. 룰은 여러분이 알고 있는 대로입니다. 게임 참가자들은 자신의 전 재산을 걸어야 합니다. 이번에도 역시 재테크 게임에 관한 국내 최고 수준의 전문가가 여러분을 도울 것입니다. 그 전문가는 금융회사에 소속되어 있는 컨설턴트입니다. 어떻습니까? 금융회사가 제안하는 게임을 받아들이시겠습니까?

지금 우리에게 가장 필요한 건 회의적인 시각입니다. 금융회사가 미리 룰을 설계한 재테크 게임에는 우리가 돈을 잃는 금융회사 등은 돈을 따는 초록색 0이 가득합니다. 그래도 사람들은 계속해서 재테크 게임을 합니다. 주위의 수많은 거짓 정보와 부추기는 여론이 사람들의 생각을 재테크 게임에 빠지게끔 만들었기 때문입니다 앞서 이야기했던 앵커링 현상을 다시 한번 떠올려봅시다. 재테크 게임에 참여했던 수많은 사람들이 성공보다는 실패하는 쪽에 서 있음에도 다른 대안을 모색해보려고 하지 않습니다. 마치 그것만이 길인 것처럼 발을 들이죠. 그만큼 재테크 시장의 앵커링은 강력합니다.

이제부터라도 여러분이 알고 있고 믿고 있는 재테크에 대한 모든 지식과 정보들을 회의적인 시각으로 바라보는 태도를 가져야 합니다. 회의적인 시각이 일부 극단적인 회의주의자들 때문에 부정적인 평가를 받기도 하지만, 무조건적인 믿음은 오히려 맹목적인 추종으로 변질될 수 있습니다. 그러니 이제라도 재테크 게임에 관한 우리의 정보와 태도가 과연 진실하고 옳은 것인지를 하나하나 꼼꼼하게 따져보아야 합니다. 물론 그건 무척 피곤한 일일 것입니다. 하지만 '피곤하고 돈을 잃지 않는 것'이 '편하고 돈을 잃는 것'보다는 낫지 않을까요?

WASHINGTON,D.C.

PART 2

장님이 장님을 인도하는 투자 시장

송충이가 되어 굶어 죽을 것인가

송충이는 나무를 기어 다닐 때 줄지어 다니는 습성이 있습니다. 끊임없이 입 끝으로 실을 토해내어 발 밑에 붙여 길을 만들고, 그 뒤에 있는 다른 송충이들은 그 길을 따라가는 식입니다. 그럴 때면 꼭 선두에 서려고 하는 녀석이 있는데, 나머지는 선두에 선 송충이가 움직이는 대로 뒤에서 그저 따라가기만 합니다. 나뭇가지에 먹을 것이 있으면 무리를 끌고 다니는 송충이가 먹이 앞에서 멈춰야 합니다. 그래야 뒤를 따르던 송충이 무리가 같이 멈춰서 먹이를 먹을 수 있기 때문입니다.

송충이들의 이러한 행동에 흥미를 느낀 프랑스의 곤충학자 장 앙리 파브르Jean Henri Fabre는 송충이를 이용해서 재미있는 실험을 했습니다. 그는 송충이 몇 마리를 잡아 와 화분 가장자리에 송충이들의 머리와 꼬리가 서로 맞물리도록 동그랗게 줄지어 놓았습니다. 그러자 송충이들이 실을 토해내며 원을 그리며 돌기 시작했습니다. 그 화분 옆에는 송충이가 좋아하는 솔잎 가지를 놓아두었습니다. 그날 송충이들은 먹지도 않고 계속해서 화분 테두리만 돌았습니다.

다음 날 파브르가 다시 화분으로 가 보았지만 송충이 무리는 여전히 화분 가장자리를 돌고 있었습니다. 이따금 몇 마리는 무리를 이탈해서 솔잎 가지 근처까지 왔지만, 결국 다시 무리로 돌아갔습니다. 그 후에도 몇 시간이 지나도록 송충이 무리는 여전히 화분 가장자리를 돌고 있었습니다. 그렇게 쉬지 않고 화분 가장자리를 돌기 시작한 지 7일째, 결국 송충이들은 모두 굶어 죽고 말았습니다.

장 앙리 파브르가 관찰했던 송충이들과 마찬가지로 사람들에게도 앞선 이를 모방하려는 성향이 있습니다. 우리가 흔히 '유행'이라 부르는 것 역시 모방 욕구에 의해 강화되곤 합니다. 의견이든 사상이든 문화적 표현양식이든 그저 옷차림이든 유행에서 자유로울 수 있는 사람은 그리 많지 않습니다.

그뿐만이 아닙니다. 우리는 많은 경우에 있어서 다른 사람들의 행동에 영향을 받아 본인의 의사와 반대되거나 상관없는 말이나 행동을 하기도 합니다.

여러분이 사회심리학자 솔로몬 애시Solomon Eliot Asch의 동조 효과 실험에 참가했다고 생각해봅시다. 여러분은 여섯 명으로 구성된 시각적 인지 테스트 그룹에 속해 있으며, 주어진 과제는 아주 단순합니다. 커다란 흰색 카드에 선 하나가 그려져 있고, 스크린에는 세 개의 선이 투영됩니다. 여러분은 그 스크린에서 카드의 선과 길이가 동일한 선을 찾기만 하면 됩니다.

처음 세 번의 실험에서는 모든 것이 원만하고 순조롭습니다. 사람들은 차례대로 길이가 똑같은 선을 큰 소리로 답하도록 요구받는데, 모두가 동일한 답을 말합니다. 그러나 네 번째 실험에서는 이상한 일이 벌어집니다. 여러분보다 먼저 답을 말한 다섯 명이 모두 틀린 답을 말한 것입니다. 예를 들어, 정답은 A가 확실한데 앞선 다섯 사람이 모두 정답을 C라고 답하는 것입니다. 이제 여러분이 답할 차례입니다. 여러분은 어떤 답을 할 것입니까?

지금 여러분은 당연히 정답을 말할 수 있을 거라고 생각할 것입니다. '나는 주변에 휘둘리지 않는 독립적인 사고를 하는 사람이므로, 본 그대로를 답할 것이다!' 하지만 여러분이 실제로 솔로몬 애시의 실험에 참가했다면, 다른 사람들의 대답에 동조해서 틀린 답을 말할 가능성이 높습니다.

실제로 솔로몬 애시의 실험에서 다른 사람들이 틀린 답을 말하는 모습을 지켜보지 않은 채 혼자만 답을 말했을 땐 모든 참가자가 정답을 말했습니다. 그러나 다른 사람들이 틀린 답을 말하는 모습을 지켜본 후 답을 말했을 때는 참가자 중 4분의 3은 자신이 본 그대로를 말하지 못하고 다른 사람들의 대답을 따라서 틀린 답을 말했습니다. 이 실험은 이미 방송에서도 수없이 많이 진행했었죠. 아마 여러분도 이 실험을 한 방송을 본 적이 있을 것입니다.

솔로몬 애시의 이 실험이 있은 후 다른 사회심리학자들에 의해 유사한 실험이 계속해서 이루어졌습니다. 그 결과 솔로몬 애시의 실험에서와 같은 상황에서 '익명'으로 답을 하게 되는 경우에는 다른 사람들의 발표에 동조해서 틀린 답을 발표하는 경향이 낮다는 사실을 찾아냈습니다. 즉, 사람들은 자신이 말하는 모습을 다른 사람들이 보게 된다는 사실을 알고 있을 경우에는, 심지어 다른 사람들이 모두 실수하거나 틀렸다고 생각하는 경우에도 타인을 동조하는 경향이 더 높아진다는 것입니다.

이러한 동조 현상은 드문 일이 아닙니다. 우리는 언제, 어디에 있던지 매일 다른 사람들의 행동에 물들게 됩니다. 한 사람이 무단횡단을 하면 멀쩡히 있던 다른 사람들도 아무 생각 없이 찻길로 나서고, 앞서 가던 사람이 괜히 뒤를 돌아보면 나도 뒤가 궁금해져서 뒤돌아보게 됩니다. 이 밖에도 중화요리 음식점에서 음식을 주문할 때 짬뽕이나 짜장면으로 통일하는 것, 패션의 유행에 휩쓸리는 것 등이 모두 동조 현상입니다. 동조 현상은 일종의 본능인 것입니다.

군중이 주는 정보는 늘 옳은가

동조 현상이 일어나는 데는 두 가지 이유가 있습니다. '정보적 영향'과 '규범적 영향'이 그것입니다.

정보적 영향에 의한 동조 현상은 어떤 행동을 취해야 할지 잘 모르는 불확실한 상황에서 남들이 취하는 행동을 보고 올바른 행동이 무엇인지를 판단하는 것입니다. 객관적인 판단 기준이 전혀 없는 상태에서는 다른 사람의 판단이 사회적 기준으로 작용하게 됩니다. 동조를 통해 부족한 정보를 보완하려는 것입니다. 요컨대 정보적 영향에 의한 동조 현상은 정확하고 옳은 것을 알고자 하는 욕망의 발현입니다.

군중이라는 존재에도 이와 같은 욕망이 발현되어 있습니다. 군중은 무언가 심상치 않은 일이 일어났다는 사실을 알려주는 바로미터입니다. 따라서 군중에 섞이기만 하면 우리는 사전 조사를 하지 않더라도, 그 심상치 않은 일이 무슨 일인지 곧바로 알 수 있을 것이라고 기대합니다. 예를 들어 사람들이 줄지어 늘어선 음식점은 맛있는 음식을 팔 것이고, 인터넷 게시판에서 조회 수가 많은 글은 그렇지 않은 글보다 더 나은 내용을 담고 있을 것이며, 많은 사람들이 사서 읽은 베스트셀러는 분명 좋은 책일 것이라고 기대하는 것입니다. 처음 가보는 고급 식당에서 그곳에 있는 사람들의 예절과 행동 방식을 그대로 따라 한 적이 있습니까? 그것이 바로 정보적 영향에 의한 군중 동조 현상입니다.

한편 규범적 영향에 의한 동조 현상은 집단의 인정을 얻거나 불인정을 피하기 위해서 동조하는 경우를 말합니다. 다른 사람들의 기대에 부합하고자 하는 욕망이 투영되어 있죠. 사람들은 다른 사람들에게 자기 입장이 공개되는 상황에서는 개인적으로 옳지 않다고 생각하면서도, 다른 사람들로부터 인정과 호감을 받고 싶은 욕망 때문에 다수의 생각에 동조하게 됩니다. 예를 들어, 정장을 싫어하는 사람이 결혼식장에 가기 위해 정장을 착용해야 하는 경우나 "눈이 두 개인 멀쩡한 원숭이가 눈이 하나인 원숭이 나라에 가서 병신 취급을 받고 한쪽 눈을 뽑아냈다"라는 불경에 나오는 이야기가 그렇습니다.

동조 현상이 부족한 정보를 보완해주는 이점이 있다는 것은 분명한 사실입니다. 그 때문에 우리는 계속해서 다른 사람들의 행동에 동조를 합니다. 하지만 모방할 대상을 잘못 선택하여 무단횡단을 하는 것처럼 잘못된 모방은 잘못된 결과를 가져올 수도 있습니다. 무단횡단을 하다가 경찰관에게 적발된다면 과태료 몇 만 원선에서 끝나겠지만, 주식이나 부동산 투자를 그런 식으로 하다가는 파산하는 상황에 이를 수도 있습니다.

무단횡단의 동조 현상과 투자에서의 동조 현상은 그 결과의 파급 효과가 전혀 다릅니다. 어찌 보면 정보의 부족함을 동조를 통해서 채우겠다는 생각은 '잘은 모르지만 남들이 하니까 나도 한다'라는 무책임한 자세일 수도 있습니다. 이러한 식의 투자가 바로 '묻지 마 투자'입니다.

튤립을 금보다 비싸게 만든 건 누구인가

묻지 마 투자의 위험성을 보여주는 대표적인 사례로 17세기 네덜란드에서 발생했던 '튤립 투기 사건'이 있습니다. 당시 네덜란드는 직물 산업의 호황과 군사적 안정으로 유럽 최대의 풍요를 누리고 있었습니다. 그러자 네덜란드인들은 더 큰 부를 창출할 수 있는 대상을 찾기 시작했는데, 그 대상이 다름 아닌 '튤립'이었습니다.

1593년에 한 식물학자에 의해서 튤립이 네덜란드에 소개되면서 사건이 시작되었습니다. 네덜란드의 귀족 부인들은 튤립 꽃을 좋아했습니다. 17세기 초반 사교계에서 선망의 대상이었던 아름답고 우아한 백작 부인들이 튤립 감상을 취미로 삼으면서 상류층을 중심으로 튤립이 선풍적인 인기를 끌기 시작했습니다.

시간이 지나면서 튤립 가격은 무섭게 오르기 시작했고, 결국은 하룻밤 사이에 두 배 이상으로 뛰는 지경에 이르게 되었습니다. 그러자 점점 더 많은 사람이 은행에서 돈을 빌려 튤립 투기에 가담했습니다. 조금 더 시간이 지나자 귀족과 부호들 사이에서는 구하기 어려운 튤립 변종을 소유하는 것이 유행하기 시작했습니다. 몇 가지 색의 엇갈린 무늬가 섞이거나 깃털 모양의 꽃이 피는 등의 변종 튤립은 매우 귀했기 때문에 그 값이 더욱 비쌌습니다. 운이 좋으면 단 하나의 뿌리만으로도 엄청난 부를 거머쥘 수 있었습니다. 때문에 더욱 많은 사람들이 튤립 수집가 대열에 합류했습니다. 마침내 서민들까지 튤립에 일확천금의 기대를 걸기 시작했습니다.

1637년, 계속 끝 모르고 오를 것 같던 튤립 시장이 갑자기 붕괴합니다. 튤립 투기의 종말은 아주 사소한 사건에서 비롯되었습니다. 어느 귀족이 비싼 튤립 구근을 샀는데, 소포로 배달되어 온 그 튤립 구근을 집안 요리사가 양파인 줄 알고 그만 요리에 써버린 것입니다. 이에 화가 난 주인이 집안 요리사를 상대로 소송을 제기했습니다. 하지만 재판에서 "튤립의 재산적 가치를 인정할 수 없다"는 판결이 내려졌고, 그 내용이 세간에 알려지자 수많은 양의 튤립 구근 매물이 순식간에 시장으로 쏟아져 나왔습니다. 그렇게 네덜란드의 튤립 투기 열풍은 눈 깜짝할 사이에 파국을 맞고 꺾이게 됩니다.

뉴턴도 주식 투자에 실패했다

묻지 마 투자의 위험성을 보여주는 또 다른 이야기도 있습니다. 만유인력의 법칙을 발견한 영국의 물리학자이자 천문학자, 수학자이며 근대 이론과학의 선구자라 불리는 아이작 뉴턴Isaac Newton도 묻지 마 투자에 뛰어들어 재정적 고통을 겪었습니다.

스페인의 왕위 계승 전쟁에 뛰어든 영국 정부는 엄청난 빚을 지게 됩니다. 영국 정부는 그 해결 방안으로 전쟁의 끝이 보이기 시작하던 1711년에 설립된 '남해회사'에 스페인의 남미 지역 식민지에 대한 무역 독점권을 주는 대신 회사로 하여금 유상증자를 통해 1,000만 파운드에 달하는 국채를 인수하도록 했습니다.

그러나 전쟁에서 승리한 영국이 1713년의 위트레흐트 조약으로 따낸 무역권의 내용은 기대에 훨씬 못 미쳤습니다. 스페인은 식민지에 대한 타국과의 무역을 거의 인정하지 않았습니다. 스페인 정부가 남해회사에 인정한 권리라고는 1년에 500톤 미만의 물량을 적재한 배 한 척을 보내는 식민지 무역 선반 운항권뿐이었습니다. 더구나 선박 운항에 따른 이익은 스페인 왕과 절반씩 나누는 조건이었기 때문에 남해회사의 이익은 보잘것없었습니다.

사정이 이런데도 남해회사의 경영진은 그럴듯하게 포장해서 사람들에게 선전했습니다. 그들은 무역에 대한 경험은 거의 없었지만, 어떤 내용을 대중에게 선전하는 능력만큼은 탁월했습니다. 훗날 한 역사가는 남해회사의 홍보 책임자에 대해 이렇게 썼습니다. "그는 항상 오른손에는 기도 책을, 왼손에는 사업 설명서를 들고 있었으며, 왼손이 하는 일을 오른손이 절대로 알지 못하게 했다."

남해회사의 연이은 사업 실패에도 주식은 하락할 기미를 보이지 않았고, 오히려 계속해서 상승세를 이어갔습니다. 1719년에는 남해회사가 또다시 국채 인수 계획을 발표하면서 이에 대한 근거 없는 낙관적인 전망이 확산되었고, 남해회사의 주당 가격은 1720년 1월 128파운드에서 2월에는 175파운드, 3월에는 330파운드까지 올랐습니다. 이 시기에 뉴턴도 남해회사 주식에 7,000파운드를 투자하여 원금을 두 배로 불리는 뛰어난 투자 수완을 보여주었습니다.

하지만 그는 이내 자신이 큰 실수를 범했다고 생각했습니다. 그가 주식을 팔고 나서도 남해회사의 주가가 꾸준히 올랐던 것입니다. 며칠이 지나도 주가는 계속해서 탄탄한 상승세를 이어갔고, 시장에는 또다시 새로운 소문들이 나오기 시작했습니다. 조만간 영국 정부가 지브롤터 해협의 식민지를 스페인에 반환할 것이며 그 대가로 받는 남미 지역과의 무역 독점권을 남해회사가 넘겨받아 남해회사의 주가는 지금과는 비교가 되지 않을 정도로 오르게 될 거라는 소문이었습니다.

이 소식을 접한 사람들이 남해회사 주식을 다시 사들이기 시작했고, 남해회사의 시가 총액은 5억 파운드에 달했습니다. 이 금액은 당시 유럽 현금 잔고의 다섯 배 수준이었습니다. 이런 분위기에 편승한 사기 공모도 줄을 이었습니다. 사람들은 주식을 사려고만 했지, 무슨 사업을 하는 어떤 회사의 주식인지는 묻지도 따지지도 않았습니다. 터무니없는 내용의 사업을 내세운 회사들이 계속해서 생겨났습니다. 급기야 엄청난 이득을 올리는 사업이지만 그 사업 내용은 공개할 수 없다는 회사까지 나오기 시작했습니다. 그때 즈음해서 뉴턴이 자신의 성급함을 크게 후회하며 남해회사의 주식을 다시 사들였습니다.

그로부터 얼마 지나지 않아 비이성적으로 과열된 시장은 진정되었습니다. 투자자들은 남해회사의 주가가 기업의 실제 전망과는 전혀 관계없는 비정상적인 가격임을 깨달았고, 보유하고 있는 주식을 팔아 치우기 시작했죠. 계속해서 상승하던 남해회사의 주가는 8월에 1,000파운드까지 급등한 후 거품이 꺼지며 곤두박질쳤고, 연말에는 100파운드까지 떨어졌습니다.

남해회사의 주가 폭락으로 인해 결국 대출로 주식을 샀던 수많은 투자자들이 파산하게 되었습니다. 남해회사 주식에 재투자했던 뉴턴 역시 2만 파운드라는 큰 투자 손실을 입었습니다. 이 일을 겪은 뉴턴은 주식 투자 역사에 길이 남을 명언을 남깁니다.

"나는 천체의 움직임은 계산할 수 있어도 사람들의 광기는 계산할 수 없다."

혼자만 반대로 걷기는 어렵다

여기 한 사람이 길을 걷고 있습니다. 고즈넉하니 혼자 걷기에 딱 좋은 길입니다. 그런데 길 중간 즈음에 이르자 갑자기 맞은편에서 잔뜩 겁에 질린 표정을 한 수십 명의 무리가 그를 향해 뛰어옵니다. 그러고는 이내 그를 지나쳐 가버립니다. 그는 생각합니다. '저 많은 사람들은 왜 내 뒤로 뛰어간 걸까?', '저 앞에서 대체 무슨 일이 생긴 걸까?' 심장이 두근거립니다. 그는 과연 걷던 길을 그대로 걸을 수 있을까요?

우리는 재테크 시장에서 이런 일을 심심치 않게 겪습니다. 물론 증권회사 객장에서 실제로 겁에 질려 뛰는 사람들을 만나는 건 아닙니다. 이건 사람들이 주식이나 아파트 등을 사기 위해 동분서주하는 모습을 이미지화한 것입니다.

우리는 자신의 생각과 행동이 다른 사람들과 다르다는 것을 확인할 때 불편한 감정을 느낍니다. 한번 생각해보십시오. 나 혼자만 반대로 걷는 세상이라니! 대체 이 얼마나 꺼림칙하단 말입니까. 그럴 때 그 언짢은 기분을 해소하는 가장 쉬운 방법은 본인의 생각이나 행동을 다수의 생각이나 행동에 맞추는 것입니다. 즉, 걷던 길의 방향을 바꾸어 자신을 지나쳐간 사람들 속에 섞여 '내가 아닌 우리'가 되는 것입니다. 재테크 시장의 '패닉 바잉공황 구매'도 같은 기제를 따릅니다.

이런 식입니다. 앗! 방금 어떤 사람이 삼성전자 주식을 샀습니다. 이런! 바로 그 옆의 다른 사람은 현대차 주식을 샀습니다. 포털 메인 화면에 뜬 뉴스 제목이 눈에 띕니다. "'동학 개미' 뚝심 통했다… 삼성전자 13%, 현대차 20% 수익" 이런 헤드라인을 보면 가슴이 뛰니다. '나만 뒤떨어진 게 아닐까? 나도 어서 사야 하는 거 아닐까?' 이렇게 고민하는 사이에 다른 사람들은 너 나 할 것 없이 주식 투자 시장에 뛰어듭니다. 그럼 더욱더 조바심이 납니다. 빨리 좇아가야 합니다. 그런데 무슨 주식을 사죠? 모르겠습니다. 일단 다른 사람들이 많이 사는 주식이나 이름만 들어도 누구나 알 만한 엄청 유명한 주식을 삽니다. 적어도 망하지는 않을 것 같은 생각이 듭니다. 앗! 세계로 뻗어나가는 남성 아이돌 그룹인 방탄소년단의 소속사 빅히트엔터테인먼트가 코스피에 상장한다고 합니다. 이건 무조건 사야 합니다! 가즈아! 빅히트엔터테인먼트!

다음은 빅히트엔터테인먼트 코스피 상장 다음 날 2020년 10월 16일 〈이데일리〉 기사입니다.

"주식 환불 안 되나요?" 빅히트 고점에 물린 개미들 절규

빅히트도 카겜·바이오팜처럼 오를 거라 믿은 개미多

상장 이틀째에도 주가 폭락에 "주식 환불해달라"

일각선 BTS 군면제 국민청원하기도

"방시혁 의장님 주식 환불 좀 해주세요. 고양이가 매수 버튼 눌러서 35만원에 사졌어요."

빅히트의 주가가 하염없이 흘러내리면서 개인투자자의 눈물도 마르질 않고 있다. 상장 첫날인 15일 공모가 대비 두 배의 시초가를 기록한 이후 하락 마감, 이틀째인 16일에도 폭락 중이기 때문이다. 빅히트 주가는 20만 원선도 아슬아슬한 상태다.

16일 마켓포인트에 따르면 이날 오후 1시 32분 현재 빅히트의 주가는 전날 대비 20.54% 내린 20만 5,000원에 거래 중이다.

앞서 지난 15일 상장한 빅히트는 상장 당일에도 시초가 대비 4%대 하락하며 장을 마쳤다. 시초가는 공모가 13만 5,000원 대비 두 배인 27만 원에서 시작했지만, 머지않아 매물이 쏟아져 나오면서 하락한 것이다. 이로써 '따상 시초가가 공모가의 두 배 기록 후 상한가 기록' 기록에는 실패했다.

이는 최근 상장한 기업공개IPO 대어 중에서 가장 부진한 성적이다. 최근 상장했던 SK바이오팜은 첫날 '따상'을 포함 3거래일 연속 상한가를 기록했고, 카카오게임즈는 첫날 '따상' 포함 2거래일 연속 상한가를 기록한 바 있다.

각종 주식관련 카페와 종목 토론방에서는 주식을 환불받을 수 없냐는 하소연까지 나온다. 당연히 주식 매수는 증권사로부터 환불받을 수 없다. 공모주 청약에 처음 나서 주식 매매에 대해 잘 모르는 주린이 주식 투자+어린이도 있고, 손실을 본 것이 억울해 자조적인 질문을 남기는 투자자도 있는 것으로 보인다.

빅히트의 주식을 30만 원에 5,000만 원어치 샀다던 한 20대 투자자는 "주식 산 건 빅히트가 처음인데 하루도 안 지난 상태라 혹시 환불이 가능한지 궁금하다"며 "빅히트 매수가 주식 첫 매수라는 것을 인증하고 고소하면 환불이 가능하냐"고 질문했다.

이 밖에 빅히트의 주식이 더 내리지 않을 수 있도록 방탄소년단BTS의 군면제를 청와대에 청원하자는 의견도 나온다. 한 빅히트 투자자는 "방탄소년단 군면제 해달라고 청와대 국민청원 넣자"며 "내 전세금이 달려 있다"고 말했다. 실제 청와대 국민청원 게시판엔 BTS 군면제를 요청하는 청원이 복수 올라와 있다.

빅히트 엔터테인먼트 공모주 청약의 경우는 팬덤 현상과 동조 현상이 더해져 '아묻따'아무것도 묻지도 않고 따지지도 않고 투자를 한 사례가 많아 이런 웃픈 일이 생겼습니다.

혹시 동조 현상에 의해 전세금 같은 중요한 돈을 주식 투자 등의 실탄으로 사용할 것 같으신가요? 제가 그 욕구를 잠재울 수 있는 가장 좋은 방법을 알려드리겠습니다. 즉각 사랑하는 사람들의 얼굴을 떠올려보세요. 내가 이 돈을 잃었을 때 아내나 남편, 연인이나 부모님 등이 얼마나 고통받을지를 상상하는 것입니다. 그런 뒤에도 전세금 등을 투자금으로 전용하게 된다면, 투자 결과와 상관 없이 정말로 무책임한 사람입니다.

잘못된 정보에 침묵한다

사회심리학자 무자퍼 셰리프Muzafer Sherif는 사회 규범에 대한 동조현상이 어떻게 형성되며, 사람들이 그 규범에 어떻게 따르게 되는지를 실험실에서 관찰하고자 했습니다. 그는 실험 참여자들 암실로 안내하여 의자에 앉힌 다음, 적당히 떨어진 곳의 작은 불빛을 보여준 후에 그 불빛이 움직인 거리를 추정하도록 했습니다.

무자퍼 셰리프의 실험은 '자동운동'이라는 착시 현상을 이용한 실험이었습니다. 자동운동이란 실제로는 정지된 물체가 착시 현상으로 인해 마치 움직이는 것처럼 보이는 현상을 말합니다. 빛이 완전히 차단된 암실에서 정지된 불빛을 수 초간 응시하면, 그 불빛은 실제로 움직이지 않았지만 마치 움직이는 것처럼 보이는 착시 현상이 나타나게 됩니다.

무자퍼 셰리프는 여러 실험 참여자를 대상으로 각각 실험을 진행했습니다. 실험이 끝나고 나서 실험 참여자들이 대답한 불빛이 움직인 거리를 확인해본 결과, 각기 다른 판단을 한 것으로 나타났습니다. 당연한 결과였습니다. 그들이 본 불빛은 실제로는 고정되어 있었으므로 그들의 판단은 모두 억측이었기 때문입니다.

무자퍼 셰리프는 실험 참여자들을 작은 집단으로 묶어서 다시 실험했습니다. 이번에는 그들이 추정한 불빛의 이동 거리를 집단 내에서 공개하도록 했습니다. 그러자 처음 실험에서는 많은 차이를 보였던 실험 참여자들의 판단이 끝내는 하나로 모였습니다.

무자퍼 셰리프는 실험 참여자들 몰래 자신이 지정한 공모자도 집단 내에 투입해보았습니다. 그 공모자가 자신이 판단한 불빛의 이동 거리를 확신에 찬 표정으로 단호하게 이야기하자, 결국 그 집단에 속한 실험 참여자들은 공모자가 말한 이동 거리와 비슷한 판단을 내렸습니다. 그로부터 1년 후 실험 참가자들에게 자신의 판단을 다시 말할 기회가 주어졌습니다. 그들은 1년 전과 같은 판단을 고수했습니다.

이 실험은 유사한 집단이나 같은 민족 내에서 그 구성원들이 매우 강한 신념을 갖거나 동질적인 행위를 하는 이유를 이해하는 데

자동운동에 의한 착시 현상

매우 중요한 실마리를 제공해줍니다. 또한 강제력이나 전문적이 지식이 없는 사람이라도 흔들림 없이 일관된 목소리를 낸다면 자신이 원하는 방향으로 집단을 이끌 수 있다는 사실도 알 수 있게 해줍니다.

이상의 실험에서와 같은 동조 현상은 '다원적 무지' 때문에 일어납니다. 다원적 무지란 어떤 사건이나 이슈에 대한 소수의 의견을 다수의 의견이라고 잘못 인식하거나, 그 반대로 다수의 의견을 소수의 의견으로 잘못 인식하는 것을 말합니다. 우리가 어떤 관행이나 전통을 따르는 것 역시 그것을 좋아하거나 옹호할 가치가 있다고 생각해서가 아니라, 단지 다른 사람들 대부분이 좋아하고 있다고 생각하기 때문인 경우가 많습니다. 그것들 또한 다원적 무지에 의한 현상이라고 할 수 있습니다.

다원적 무지를 원인으로 한 동조 현상은 재테크 시장을 비롯한 여러 전문적인 분야에도 성립될 수 있습니다. 그런데 여기에는 한 가지 문제가 있습니다. 소위 '전문가'라는 사람들이 편견과 독단적 소신을 가지고 있을 경우에는, 그 전문가들을 따르는 다수의 사람에 의해 사회적으로 나쁜 결과를 초래할 수도 있다는 것입니다. 실제로 우리가 사는 세상에서는 이런 상황들이 심심찮게 일어나고 있습니다. 잘 알지 못하는 분야일수록 사람들은 자신의 판단에 확신을 갖지 못하기 때문입니다.

가령 제가 여러분에게 코끼리가 하늘을 날 수 있다거나 겨울철 폭설은 심술쟁이 선녀가 만들어낸다고 주장한다면, 여러분은 제 주장에 동의하지 않을 것입니다. 그러나 여러분이 평소에 특별히 생각하지 않았던 사안에 대해 제가 매우 그럴듯한 주장을 펼친다면 사정은 달라집니다.

다원적 무지를 설명할 때 빠지지 않고 인용되는 동화가 바로 덴마크의 동화작가인 한스 크리스티안 안데르센Hans Christian Andersen의 동화《벌거벗은 임금님》입니다. 대충 이런 내용입니다.

아주 먼 옛날 어떤 왕국에 화려한 옷을 좋아하는 왕이 살았습니다. 어느 날 두 명의 재봉사가 왕을 찾아와 눈부시게 아름답고 화려한 옷이지만 어리석은 사람의 눈에는 보이지도, 만져지지도 않는 신비한 옷을 만들어 주겠다며 왕을 속입니다. 비단실과 금실을 잔뜩 얻어낸 재봉사들은 옷이 완성되기로 약속한 날까지 베틀 앞에 앉아 계속해서 옷을 짓는 척 시늉만 합니다.

새 옷을 입기로 한 날 역시 재봉사들은 왕에게 옷을 입히는 시늉을 했고, 그러면서 어리석은 사람들에게는 옷이 보이지 않는다고 왕에게 거짓말을 했습니다. 이를 옆에서 지켜보던 왕의 신하는 자신이 어리석어 옷이 보이지 않는다고 차마 말할 수 없어서 벌거벗은 왕에게 매우 훌륭한 옷이 완성됐다며 칭찬을 아끼지 않았습니다. 왕 역시 옷이 보이지 않았지만 자신의 어리석음이 탄로 날 것을 두려워한 나머지 내색하지 않고 벌거벗은 채로 사람들이 있는 거리로 나섰습니다.

왕이 어리석은 사람들에게는 보이지 않는 옷을 입고 있다는 소식을 듣고 거리로 나온 사람들은 자신의 어리석음을 감추기 위해 자신들의 눈에 보이지 않는 왕의 옷을 칭찬하기에 바빴습니다. 그때 한 어린아이가 큰 소리로 외쳤습니다.

"왕이 벌거벗었대요!"

그때서야 왕은 자신이 속았다는 것을 깨달았습니다. 물론 두 명의 재봉사들은 이미 비단실과 금실을 챙겨서 도망친 뒤였습니다.

여기까지입니다. 이 이야기는 지나치게 낙관적입니다. 동화에서는 진실의 외침이 거짓을 이겼습니다. 하지만 실제 우리 사회에서 이런 상황은 잘 일어나지 않습니다. 사람들은 대체로 다른 사람들의 믿음이나 의견에 동의하지 않는다고 하더라도, 그것을 입 밖에 내어 크게 문제 삼지 않기 때문입니다.

예를 들어 누군가 자기 아이의 이름을 지었다며 들려주었을 때, 사실 속으로는 발음이 힘들다거나 귀에 거슬린다고 생각하더라도, 사람들은 그 이름이 괜찮다는 식으로 반응합니다. 또 누군가 새로 산 구두가 어떠냐고 물었을 때나 종교나 정치 문제 같은 전문적인 주제에 관한 대화에서도 마찬가지로 관계를 망칠 만한 이야기는 꺼내지 않습니다.

그러나 《벌거벗은 임금님》에서는 가능했습니다. 진실을 말한 것이 다름 아닌 어린아이였기 때문입니다. 아이들은 성인들에 비해 지나치다 싶을 정도로 솔직한 경향이 있습니다.

한번쯤 이런 경험이 있을 겁니다. 모임에 다녀와 보니 바지 지퍼가 열려 있다거나, 이 사이에 고춧가루가 끼어 있다거나, 코털이 삐져나와 있다거나 하는 일 말입니다. 이런 일은 생각보다 흔하게 일어납니다. 분명 누군가는 그것을 보았을 텐데 아무도 귀띔을 해주지 않았던 것입니다. 하지만 만약 놀이터에서 뛰어 노는 아이들이 서로에게서 그런 것들을 발견했다면 아마 신이 나서 지적했을 것입니다.

성인들이 만들어가는 사회에서는 광범위하게 퍼진 기만과 잘못된 사회적 규범을 그렇게 쉽사리 없애지 못합니다. 성인들은 침묵하고 또 침묵하기 때문입니다.

권위자에게 절대 하지 않는 질문

우리가 알고 있는 지식 중에는 논리와 증거에 의한 것들보다는 권위자들의 주장과 사회적 통념에 근거한 것이 더 많습니다. '지구가 둥글다는 사실'을 예로 들어봅시다.

- 달에 비친 지구의 그림자가 둥글다.
- 배가 멀리 항해할 때 마지막으로 보이는 것이 돛대다.
- 수평선이 굽어 있다.
- 우주에서 찍은 지구의 사진을 보고 알 수 있다.

우리는 이러한 사실들을 증거로 지구가 둥글다는 것을 알게 되었습니다. 그러나 만약 권위자의 권위와 사회적 통념에 의해 알게 되었다면 우리는 다음과 같은 것들을 근거로 지구가 둥글다는 사실을 믿게 되었을 것입니다.

- 부모님이 그렇게 말씀하셨다.
- 선생님이 그렇게 말씀하셨다.
- 목사님이 그렇게 말씀하셨다.
- 교과서에 그렇게 적혀 있다.

이번에는 우리의 재테크 관련 지식이 누구를 통해 얻은 것인지를 생각해봅시다.

- 부모님이 연금저축은 꼭 들어야 한다고 말씀하셨다.
- 유튜브에 나오는 전문가가 지금은 부동산을 살 때가 아니라고 했다.
- 회사 팀장님이 주식을 통해 돈을 많이 벌었다고 했다.
- 뉴스와 신문 기사에서 저금리 정책이 유지될 것이라고 했다.

이와 같은 권위자의 권위와 사회적 통념에 근거한 다소 독단적인 결론들이 반드시 부당하다고 말하는 것은 아닙니다. 그러나 많은 경우 권위에 근거하여 내린 독단적인 결론들은 다음의 물음을 교묘하게 피해갑니다.

"그 권위자들은 어떻게 해서 그런 결론에 도달했는가?"

권위에 근거해서 내린 독단적인 결론을 믿는다는 것은 집 근처 공원에서 귀신이 출몰한다는 지역 신문의 소식과 부모님이 그곳에서 귀신을 목격했다는 이야기를 듣고는 앞뒤 가리지 않고 귀신의 존재를 믿는 것과 크게 다르지 않습니다.

해당 분야에서 쌓은 전문적 식견 덕분에 권위자들이 그 분야에서 옳을 가능성은 클 것입니다. 그러나 그것이 언제나 확실히 보장되는 것은 아닙니다. 또한 특정 영역에서 전문적인 식견을 가졌다고 해서 다른 영역에서까지 결론을 이끌어낼 자격을 갖추었다고 할 수 없습니다.

같은 주장도 누가 하느냐에 따라서 신뢰도와 주목도에 차이가 있습니다. 만약 어떤 주장을 하는 사람이 노벨상 수상자라면 우리는 그의 말에 주목할 것입니다. 이전에 그 사람의 말이 대체로 맞았기 때문입니다. 반면 사기꾼의 주장에는 크게 웃고 말 것입니다. 과거에 그가 했던 말 대부분이 틀렸기 때문입니다.

하지만 권위에 의존해 무언가를 판단하는 것은 매우 위험합니다. 우리가 존경하는 사람이나 사회적으로 많은 영향력을 행사하는 사람이 주장한다고 해서 잘못된 생각을 받아들이거나, 또는 우리가 무시하는 사람이 주장한다고 해서 옳은 생각을 거부할 가능성이 있기 때문입니다.

언젠가 친구 녀석이 투자 상품을 하나 권유받았다며 저를 찾아온 적이 있습니다. 다음은 그 친구와의 대화 내용을 재구성한 것입니다.

나 친구가 가져온 서류들을 훑어보며 "이 사람 친구에게 투자 상품을 권유한 사람 완전 사기꾼이네!"

친구 "에이, 설마. 이 사람 텔레비전에도 나오는 엄청 유명한 사람이야."

나 "그래? 그럼 텔레비전에 나오는 엄청 유명한 사기꾼이네!"

평범한 사람은 어떻게 권위에 복종하는가

2차 세계대전 당시, 유태인을 가스실로 이송하는 일을 감독했다는 명목으로 기소된 나치의 오토 아돌프 아이히만Otto Adolf Eichmann은 지극히 평범한 사람이었습니다.

그는 2차 세계대전이 끝난 후 독일의 뉘른베르크에서 열린 재판에서 "자신은 상부의 지시를 어쩔 수 없이 따른 것뿐"이라고 스스로를 변호했습니다. 이를 지켜본 사회심리학자 스탠리 밀그램Stanley Milgram은 '평범한 사람이 어떻게 그토록 잔인해질 수 있는가'를 고민했고, 권위자의 지시에 사람들이 어떻게 행동하는지를 알아보기 위한 연구를 시작했습니다.

스탠리 밀그램은 신문에 "기억 연구에 참여할 사람을 찾는다"라는 구인 광고를 냈습니다. 실험의 내용은 처벌을 통해 사람들의 학습과 기억을 향상시킬 수 있는 방법을 찾는다는 것이었습니다. 많은 사람이 실험에 지원했습니다. 지원자들이 실험실에 도착하자, 흰색 실험 가운을 입고 심각한 표정을 한 '실험자'가 과학적으로 무척 중요한 일을 한다는 분위기를 물씬 풍기며 지원자들을 맞았습니다.

지원자들에게 내려진 실험 과제는 간단했습니다. 지원자 중 한 사람은 교사가 되고 다른 한 사람은 학생이 됩니다. 교사는 먼저 학생에게 일련의 단어 조합을 말해주고 외우게 하고 이후 교사가 핵심 단어를 말하면, 학생은 그 단어와 짝이 되는 단어를 정확하게 대답해야 합니다. 답을 맞히면 교사는 "잘했어요" 혹은 "맞았어요"와 같은 말로 학생에게 보상을 하고, 답이 틀리면 교사는 벌로 그럴싸하게 생긴 충격 장치의 레버를 당겨 학생에게 즉시 전기 충격을 줍니다. 이 충격 장치에는 30개의 스위치가 붙어 있는데, 15볼트에서 시작하여 한 단계 높아질 때마다 15볼트씩 올라갑니다. 실험자는 교사에게 학생이 실수를 할 때마다 이전보다 한 단계 높은 전압 스위치를 눌러야 한다고 말합니다.

충격 장치의 계기판에는 각 스위치의 전압과 그에 상응하는 충격 수준이 표시되어 있습니다. 10단계인 150볼트는 '강한 충격', 13단계인 195볼트는 '아주 강한 충격', 17단계인 255볼트는 '격렬한 충격',

스탠리 밀그램의 실험을 영화화한 〈밀그램 프로젝트〉

21단계인 315볼트는 극도로 격렬한 충격 등의 방법으로 표시되어 있고, 마지막 30단계인 450볼트에는 불길하게 XXX라고 표시되어 있습니다. 지원자들은 제비를 뽑아서 각자의 역할을 정했습니다. 실험에 참가한 지원자 중 한 명은 교사가 되고 다른 지원자는 학생이 된 것입니다.

물론 이 제비 뽑기는 사전에 조작된 것으로, 지원자의 일부는 스탠리 밀그램 연구팀의 공모자로서 항상 학생 역할을 맡았습니다. 실험자가 가죽 끈으로 공모자인 학생을 의자에 묶고 전극을 오른쪽 손목에 붙입니다. 옆방에 있는 전기 충격 장치로 학생이 실수를 하면 전기 충격을 가할 것입니다.

교사와 학생은 인터폰으로 서로 의사소통을 하는데, 교사 옆에는 실험실에 도착할 당시 흰색 실험 가운을 입고 심각한 표정으로 지원자들을 맞았던 실험자가 서 있습니다. 교사는 시험 시작 전 시험 삼아 3단계인 45볼트약간 따끔거리는 정도의 전기충격를 직접 경험하며 그 충격 수준에 대해 감을 잡습니다. 실험자가 '기억력 향상' 연구 실험을 시작하라는 신호를 보냅니다.

실험 시작입니다. 학생은 처음에는 문제를 잘 풀다가 곧 실수를 하기 시작합니다. 교사는 충격 스위치를 누르기 시작합니다. 학생은 전기 충격이 점점 고통스럽다고 불평을 합니다. 하지만 실험자는 고개를 끄덕이면서 교사에게 계속하라는 지시를 내립니다. 충격 수준이 점점 높아지면서 학생은 비명을 지르기 시작하고, 더 이상 실험을 계속하고 싶지 않다고 소리칩니다. 교사는 망설이면서 실험을 계속해야 할지 물어보지만, 실험자는 계속해서 실험을 하는 것 외에는 선택의 여지가 없다고 단호하게 말합니다.

실험이 계속됩니다. 비명을 지르던 학생은 사실 자신은 심장 상태가 좋지 않다며 실험을 중단해줄 것을 강력히 요구합니다. 교사 역시 실험에 반대합니다. 그러나 실험자는 여전히 실험을 계속하라고 합니다. 실험이 계속 진행될수록 학생의 실수는 잦아집니다. 교사는 학생에게 집중해서 정답을 맞히라고 애원합니다. 그럴수록 학생은 계속 틀린 답을 말합니다. 결국 교사가 누른 300볼트 스위치의 전기 충격으로 학생은 정신을 잃고 맙니다.

하지만 실험자는 학생이 정신을 잃은 사실 따위는 아랑곳하지 않습니다. 교사에게 실험에 전적으로 참여하겠다고 합의한 계약 사항을 일깨워주며 실험을 계속해나갈 것을 종용합니다. 만약 학생이 일정 시간이 지나도록 대답하지 않는다면 오답으로 간주하여 계속 전기 충격의 강도를 높일 것을 지시합니다. 거기에 덧붙여 교사가 충격을 주는 행동의 모든 결과에 대해 자신이 책임을 지겠다고 합니다.

여기서 잠시 실험이 어떻게 진행되었는지에 대한 설명을 멈춥니다. 알려드릴 것이 하나 있습니다. 사실 실험 중 학생에게는 어떠한 전기 충격도 가해지지 않았습니다. 연구팀의 공모자인 학생의 비명소리와 기절은 모두 사전에 계획된 것입니다. 스탠리 밀그램이 지원자들을 속인 것입니다.

어쨌든 교사들은 전기 충격이 가짜인 사실을 모릅니다. 만약 여러분이 이 실험에 교사로 참가했더라면 어땠을까요? 여러분은 지금 제게 이렇게 말하고 싶을 것입니다. "나는 절대로 끝까지 가지 않을 거야!" 맞습니다. 여러분이라면 중간 어딘가에서 똑 부러지게 이의를 제기하는 것은 물론이고, 실험자의 지시에 따르지 않고 그 자리를 박차고 나왔을 겁니다. 여러분은 결코 실험 참가비 몇 푼에 양심을 파는 사람이 아니기 때문입니다. 그렇다면 질문의 방향을 이렇게 바꿔봅시다. 여러분이라면 그 실험실을 박차고 나오기 전에 과연 몇 단계까지 갔을까요?

스탠리 밀그램은 40명의 심리학자들로 구성된 집단에 자신의 실험을 설명한 후, 실험의 끝인 30단계까지 갈 실험 참가자들의 비율을 추정해보라고 했습니다. 그들은 끝까지 가는 사람은 1% 미만이고, 대부분의 사람은 150볼트인 10단계에서 포기할 것이라고 예측했습니다. 하지만 그들의 예측은 완전히 빗나갔습니다.

실제 해당 실험에서는 지원자 세 명당 두 명꼴인 65%가 450볼트라는 최고의 전기 충격을 주는 마지막 단계까지 갔습니다. 교사 역할을 맡은 대다수 지원자가 실험을 멈추어달라는 학생의 애원에도 거듭되는 전기 충격을 가했던 것입니다.

한편 스탠리 밀그램의 실험은 피실험자들을 속이고 정신적 스트레스를 가했다는 등의 이유로 윤리적 비판을 면치 못했습니다. 급기야 스탠리 밀그램은 당시 재직 중이던 예일 대학에서는 해고를, 심리학회에서는 1년의 자격 정지를 당했습니다.

금융컨설턴트가 지닌 태생적 한계

언젠가의 일입니다. 금융회사 등에 소속된 재테크 세일즈맨들은 자신들에게 권위가 필요하다는 것을 깨달았습니다. 그들은 즉각 마치 스탠리 밀그램의 실험에서 실험자가 흰색 실험 가운을 입고 심각한 표정을 지으며 지원자들을 맞이하는 것처럼 멋진 양복과 구두를 신고 번쩍이는 사무실에 앉아 그럴듯한 분위기를 연출하기 시작했습니다. 하지만 그것만으로는 말 잘하는 양복점 직원과 재테크 세일즈맨이 크게 구별되지 않았습니다. 그래서 그들은 양복점 직원과의 차별성을 두기 위해 자신들의 각종 분석기법 등 하나하나에 '모멘텀'이니 '리벨런싱'이니 '가치투자'니 하면서 그럴듯한 이름을 하나둘 붙이기 시작했습니다. 그러고는 어쩌다 그것이 궁금해서 무엇이냐고 물어보는 사람들에게는 하나같이 '그것도 모르냐'는 식의 권위적인 표정을 지어 보였습니다.

사실 재테크 세일즈맨들의 이러한 태도는 불합리 그 자체입니다. 왜냐하면 재테크 세일즈맨들에게 비용을 치르는 이, 즉 소비자는 다름 아닌 그 질문을 던진 이들이기 때문입니다. 그리고 그들은 바로 여러분이기도 합니다. 따라서 서비스를 제공하는 것이 일인 재테크 세일즈맨들은, 무릇 비전문가인 여러분을 위해 각종 금융 상품 등에 대해서 알기 쉽게 말을 해줘야 합니다. 그런데 주위에 그런 재테크 세일즈맨은 그다지 많지 않습니다.

만약 재테크 세일즈맨들이 금융 상품 등에 대한 설명을 어렵게 한다면 그 이유는 둘 중에 하나입니다. 첫째, 전문 용어 등의 사용으로 여러분의 기를 팍! 죽여 실은 본인이 그것에 대해 잘 모른다는 사실을 감추려는 것입니다. 둘째, 여러분을 존중하지 않는 것입니다. 어쨌든 이래저래 말을 어렵게 하는 재테크 세일즈맨과는 되도록이면 엮이지 않는 것이 좋습니다.

그들의 전략은 성공적이었습니다. 사람들은 그들이 뭔가 엄청 어렵고 대단한 일을 하고 있다고 생각하게 되었습니다. 재테크 세일즈맨들의 이와 같은 행동은 어린아이들이 즐겨 보는 만화영화의 우스꽝스러운 주인공과 크게 다르지 않습니다.

예를 들어, 만화영화의 주인공은 일반 캐릭터들과 확연히 구분

되는 번쩍이는 옷을 입고 등장합니다. 그러고는 손에서 내뿜는 불꽃을 "손에서 내뿜는 불꽃!"이라고 외치지 않습니다. "슈퍼! 울트라! 메가톤급! 그레이트 파이어!" 이렇게 부르죠. "손에서 내뿜는 불꽃!"이라고 하면 왠지 폼이 좀 덜 나거든요.

만약 재테크 세일즈맨들의 권위적인 표정을 한 번도 본적이 없어 그 표정이 궁금하다면 "슈퍼! 울트라! 메가톤급! 그레이트 파이어!"라고 신나게 외치고 있는 동네 꼬마들에게 가서 그게 뭐냐고 물어보면 됩니다. 아마도 재테크 세일즈맨들의 그것과 비슷한 표정을 지어 보일 것입니다.

더 나아가 재테크 세일즈맨들은 자신들을 단순히 금융 상품 등을 권유하는 세일즈맨이 아닌 재테크 컨설팅을 하는 전문가로 포장하기 시작했습니다. 그 때문에 현재 그들은 사람들에게 다음과 같은 이름으로 불리고 있습니다.

- 재정컨설턴트 FC : Financial Consultant
- 재무설계사 또는 자산관리사 FP : Financial Planner
- 재정 어드바이저 FA : Financial Adviser
- 개인자산관리사 PB : Private Banker

그 속내야 어찌 되었건 간에 멋진 타이틀인 것만은 분명합니다.

'지구용사 플래시맨', '독수리 오형제' 등 모두 저마다의 멋진 타이틀을 가지고 있습니다. 재테크 세일즈맨들도 자신들을 전문 컨설턴트로 포장하며 누가 들어도 멋진 새로운 타이틀을 만들어낸 것입니다.

이제 명함에 '컨설턴트'라는 글자를 새겨 넣는 것은 재테크 세일즈 시장에서 하나의 트렌드로 자리 잡았습니다. 하지만 안타깝게도 이러한 변화는 대부분 재테크 세일즈맨들이 번쩍이는 명함을 새로 인쇄하는 것에 그치고 맙니다. 그 이유는 재테크 세일즈맨들이 지닌 태생적인 한계에 기인합니다.

재테크 세일즈맨들은 자신이 속한 금융회사 등의 이해관계에서 벗어날 수 없습니다. 때문에 그들이 하는 모든 일은 금융 상품 판매 등을 목적으로 설계가 됩니다. 그래서 재무 컨설팅이나 자산 컨설팅 따위의 각종 멋진 이름으로 불리는 컨설팅은 금융 상품 판매 등을 위한 하나의 좋은 구실이 되고 맙니다 재테크 세일즈맨들의 컨설팅은 '기-승-전-금융 상품 권유'입니다.

개가 이름을 사자로 바꾸었다고 사자처럼 용맹해질 수 없는 것처럼, 금융회사 등에 속한 재테크 세일즈맨이 컨설턴트로 이름을 바꿨다고 해서 진짜 컨설턴트가 될 수는 없습니다.

모르면 안 하는 게 답

수년 전에 인기를 끌었던 한 증권회사의 광고가 떠오릅니다. 축구계의 전설 차범근이 축구 동호회 사람들이 공을 차는 것을 보면서 이렇게 말합니다.

차범근 "잘했어요. 그런데 나한테 공 좀 던져봐요. 공을 가슴으로 받으며 이렇게 '가슴 트래핑'을 한 다음에 '플립플랩발 바깥으로 공을 모는 척하다가 순식간에 동작을 바꾸어 발 안쪽으로 공을 회수하는 기술'으로 접고 '마르세유 턴한쪽 발로 공을 잡은 후에 재빠르게 몸을 한 바퀴 회전하는 기술'을 한 다음에 '라보나 킥한쪽 다리 뒤로 균형을 잡은 뒤에 다른 다리를 그 다리 뒤로 돌려 X자 형태로 만들어 공을 차는 기술'으로 좌

악! 골인! 어때요? 참 쉽죠?"

축구 동호회 회원들 "……."

장면이 바뀌면서 이번에는 증권회사 재테크 세일즈맨과 차범근이 만납니다.

재테크 세일즈맨 "최초기준가격수익 및 손실 여부를 결정짓는 데 기준이 되는 특정 주식 등의 가격'의 95% 이상이며 '낙인 배리어원금 손실이 발생할 수 있는 특정 주식 등의 한계 가격'를 터치한 적이 없을 경우 자동 조기 상환되어 수익을 지급받으실 수 있습니다. 참 쉽죠?"

차범근 "……."

그리고 음악과 함께 큼지막한 자막이 뜹니다. "쉽냐?" 끝으로 경쾌한 내레이션이 흘러나오고, 내레이션으로 "그래서 ◯◯증권이 시작합니다. 당신에게 쉬운 금융 이야기!"라고 말합니다.

사람들이 이 광고에 반응한 이유는 여러 가지가 있겠지만, 공감도를 높였다는 점도 그중 하나입니다. 실제로 은행이나 증권회사 창구 등에서 말을 너무나도 어렵게 하는 재테크 세일즈맨을 만나본 경험이 누구나 있을 것입니다. 그들이 왜 말을 어렵게 하는지는 앞에서 설명을 드렸습니다. 요즘은 직접 금융회사에 방문하지 않고 온라인이

나 스마트폰으로 정보를 검색한 후 금융 상품에 가입하는 경우도 많습니다. 그런데 그 정보들 또한 결코 쉽고 간결하게 돼 있지 않습니다. 사람이 내 앞에 앉아서 말로 설명만 안 했을 뿐, 어렵고 복잡한 단어들로 설명되어 있는 건 똑같죠.

그럼 이제 우리는 어떻게 해야 할까요? 창구에 직접 방문했다면 재테크 세일즈맨들이 어떤 금융 상품에 대해 분명 열심히 성심성의껏 설명을 해줬을 것이고, 혼자 온라인으로 가입하려고 한다면 길고 긴 상품 상세설명을 꼼꼼히 봤을 겁니다. 듣고 봤으니 이 상품이 어떤 상품인지 대충 알 것 같긴 한데 뭔가 모르게 석연치 않은 마음이 들 때가 있을 것입니다. 여러분이라면 어떻게 하실 건가요? 어렵게 시간 내서 금융회사에 와서 재테크 세일즈맨한테 설명도 길게 듣고 했으니까 완벽하게 이해하지는 못했지만 그래도 그냥 금융 상품에 가입하실 건가요? 온라인으로 가입하면 뭔가 혜택이 더 좋고, 다들 가입한다고 하니까 그냥 가입하실 건가요?

결론부터 말씀드립니다. 그럴 때는 그냥 그 상품에 가입하지 않는 것이 상책입니다. 왜냐하면 세상에는 그것과 비슷한 금융 상품이 너무나 많기 때문입니다. 간단한 사고 실험을 해봅시다. 여기 햄버거가 열 개 있습니다. 첫 번째 햄버거에는 1번, 두 번째 햄버거에는 2번 하는 식으로 숫자가 쓰여 있습니다. 우리는 햄버거를 좋아합니다. 다행히 햄버거 열 개 모두 맛이 나쁘지 않은 것입니다. 이제 우리는 이

중 하나의 햄버거를 골라 먹을 것입니다.

그런데 잠깐! 1번 햄버거에서 무언가 알 수 없는 냄새가 납니다. 상한 것도 같고, 아닌 것도 같습니다. 딱 부러지게 설명할 수는 없지만 무언가 느낌이 나쁩니다. 이런 생각을 하던 중에 하나의 햄버거를 골라야 할 시간이 왔습니다. 여러분은 몇 번 햄버거를 선택하시겠습니까? 그렇습니다. 적어도 1번 햄버거는 아닙니다.

우리가 1번 햄버거를 고르지 않은 이유를 조금 어려운 말로 표현하면 이렇습니다. "비슷한 효용을 기대할 수 있는 선택지가 많은 상황에서 '무언가 느낌이 나쁘다'는 것은 지양에 대한 명확한 이유는 될 수 없지만 분명한 이유는 될 수 있다." 쉽게 말하면 이렇습니다. "수많은 금융 상품이 서로 자기가 최고라고 아우성을 치며 우리를 유혹하고 있는데, 굳이 무언가 개운치 않은 느낌이 드는 상품에 가입할 이유는 없다." 세상은 넓고 금융 상품은 많습니다.

내 생각이 되어버린 미디어의 생각

여론 조사에 대중의 대한 답변을 잘 검토해보면 참여자들 대부분이 미디어에 의한 정보를 앵무새처럼 반복하고 있다는 것을 알 수 있습니다. 하지만 사람들은 그것이 마치 자신의 의견인 것처럼 착각합니다.

1985년 일본에서 일어난 JAL 점보기 추락 사고에 대한 대중의 의견이 대표적인 예입니다. 일본 언론학계의 원로인 조치 대학의 이시카와 사카에 교수는 NHK가 실시한 여론 조사 이후 대중들이 미디어의 논조를 그대로 따라하거나 앵무새처럼 반복적으로 전하는 현상에 관심을 가졌고, 그러한 현상을 '패로팅parroting'이라고 명명하였습니다.

일본은 JAL 점보기 추락 사고로 인해 희생자가 500여 명 발생했고, 여느 항공기 사고가 그렇듯이 추락 원인에 대한 다양한 보도가 활발했으며 세간의 이목이 집중되었습니다. 추락사고의 원인을 공식적으로 발표하기 전인 1985년 9월에 NHK가 실시한 여론 조사 중에는 다음과 같은 질문이 있었습니다.

"다음 중에서 JAL 점보기 사고의 원인과 가장 관계가 깊다고 생각되는 것은 무엇입니까?"

- 회사의 과밀 운행 계획 : 9.4%
- 기체 정비 불량 : 58.6%
- 기장의 조종 과실 : 1.6%
- 기체 결함 : 24.3%
- 기타 원인 : 0.7%
- 잘 모르겠음 무응답 : 5.4%

항공기 사고의 원인 규명 작업은 고도로 전문적인 기술을 필요로 하고, 사고 원인을 밝힐 때까지 오랜 시간이 걸립니다. 그러나 JAL 점보기 사고의 경우는 이례적으로 단기간에 사고 원인이 규명되었습니다.

이전에 일어났던 점보기의 파손 사고 수리 불충분이 원인이었습니다. 그런데 사고 원인에 대한 결론이 나오기 전 언론도 비슷한 추정을 하고 있었습니다. 이에 여론 조사에서는 미디어에 의해 전달된 가설을 따라 '기체 정비 불량'이 가장 많은 응답을 차지한 것입니다.

그런데 여기 한 가지 분명한 사실이 있습니다. 대중은 사고 원인을 판단할 수 있는 입장이 아니라는 것입니다. 관계자가 아닌 보통 사람들에게는 사고 원인을 규명하기 위한 어떠한 상세 정보도 제공되지 않았습니다. 또 전문가가 아닌 보통 사람들은 비행기 정비 등에 대한 고도의 지식이 없습니다. 그럼에도 미디어 정보를 접한 조사 대상자는 마치 자신이 JAL 점보기 추락 사고의 원인을 판단할 수 있는 것처럼 착각하고 대답한 것입니다. '모르겠음무응답'은 소수에 불과했습니다.

이런 종류의 여론 조사는 일본뿐만 아니라 우리나라에서도 빈번하게 이루어집니다. 행정안전부가 2010년 6월에 실시한 '국민 안보의식 여론조사'에서 그 해 3월에 있었던 천안함 침몰 사건의 사고 원인을 묻자, 국민의 68.7%가 북한의 소행으로 생각한다고 답했습니다. 연령대에 따라서 20대와 30대는 각각 62.1%와 64.4%, 40대와 50대는 각각 71.3%와 71.6%, 60대는 74.4%가 북한의 소행이라고 응답했습니다.

과연 이와 같은 사안에 대해서 여론 조사를 하는 것이 어떤 의미가 있는 것일까요? 일반인들은 자체적으로 천안함 침몰 사건에 대한 진상 파악을 할 수 있는 입장이 아닙니다. 입수 가능한 정보는 미디어에 의해 제공된 정보들로 한정되어 있습니다.

이처럼 미디어 정보를 근거로 여론의 분위기에 따라서 응답하는 것에 지나지 않는데도, 많은 사람들이 천안함 침몰 사고 같은 사건이나 타인의 불륜 관계 또는 범죄자의 살인 동기 등에 관한 질문을 받으면 의외로 명쾌하게 대답하곤 합니다. 매일 접촉하고 있는 미디어를 통해 보고 들은 것은 마치 자신의 생각인양 자연스럽게 받아들이기 때문입니다.

이시카와 사카에 교수가 이름 붙인 패로팅은 신문 기사의 헤드라인 같은 정보에 근거하여 그 문제에 대해 구체적인 정보가 거의 없는 상태에서 누가 물어보면 마치 자기 생각인 것처럼 그대로 대답하는 것을 말합니다.

많은 사람들이 미디어의 내용과 논조를 그대로 받아들이고는 마치 자신의 의견인 것처럼 착각합니다. 여기에 비판적 사고는 없습니다. 패로팅이 증가하면 미디어의 논조 변화에 더불어 여론도 간단하게 변화합니다. 미디어가 여론을 만들고, 그 여론에 따라 세상이 움직이는 상황이 생겨나는 것입니다.

유명인의 자살 사건이 크게 보도된 후 사건이 보도된 지역에서만 유독 모방 자살 사건이 급증했다는 통계도 있습니다. 미디어가 일시적으로 사람의 마음을 얼마나 흔들어놓을 수 있는지를 가늠케 하는 사례입니다. 이러한 현상을 두고 미국의 사회학자 데이비드 필립스David Phillips는 '베르테르 효과'라는 이름으로 미디어가 대중에 미치는 영향을 설명하기도 했습니다.

대형 사건을 모방한 범죄가 유행처럼 번지고 그와 관련된 보도가 또 다른 범죄를 불러일으킬 가능성에 대해 우려하는 것도 미디어가 대중에 미치는 효과를 전제로 한 것입니다. 대중이 미디어에 전혀 영향을 받지 않는다면 음란 성인물 같은 것을 규제할 필요 또한 없을 것입니다.

재테크 뉴스는 마약과 같다

사람들은 보통 다음 두 가지 조건 중 하나라도 충족될 때 뉴스를 찾아봅니다. 첫째는 본인이 처한 상황이 불확실할 때입니다. 둘째는 본인과 뉴스가 연관되어 있을 때입니다. 그런 의미에서 재테크 시장의 참여자들은 뉴스를 찾아보고 그 뉴스에 쉽게 영향을 받을 만한 조건을 갖추고 있다고 할 수 있습니다. 따져봅니다.

첫째, 재테크 시장을 구성하는 주식과 부동산 시장 등은 항상 불확실성으로 가득 차 있습니다.

둘째, 그와 관련된 뉴스는 재테크 시장 참여자의 이익과 직·간접적인 연관이 있습니다.

즉, 재테크 시장에 참여하고 있는 사람들은 미디어의 영향을 받을 가능성이 매우 큽니다.

많은 사람들이 경제 뉴스에서 다루는 대부분의 재테크 정보가 객관적이며 정확하다고 믿습니다. 그 때문에 경제 뉴스를 통해서 전달된 부정확하거나 조작된 정보는 사람들에게 그릇된 재테크에 대한 믿음을 심어 줍니다. 하지만 잘 알려진 것처럼 경제 신문이나 경제 채널의 재테크 뉴스가 항상 그 평판에 걸맞은 정보를 제공하는 것은 아닙니다.

예를 하나 들어보겠습니다. 2020년 8월 10일 〈한국경제신문〉에 "공공주택 4,000가구 발표에… 과천 집값 한 달 새 1.7억 '뚝'"이라는 제목의 기사가 났습니다. 본문에는 이렇게 적혀 있습니다.

> 경기 과천 부동산 시장이 다시 얼어붙고 있다. 정부가 최근 '8·4 공급대책'에서 정부과천청사 유휴지에 4,000가구 규모의 공공주택을 짓기로 했기 때문이다. 공급 과잉 우려 속에 아파트 매수세가 끊기고 호가가 떨어지고 있다.

그러니까 정리하면 이렇습니다. 2020년 8월 4일에 발표된 정부의 부동산 대책8·4 공급대책 때문에 과천 집값이 한 달 새 1억 7,000만 원 떨어졌다는 겁니다. 그런데 이거 뭔가 이상하지 않습니까? 시점이 맞지가 않습니다. 2020년 8월 4일에 발표된 정부의 부동산 대책에 의해 과천 집값이 한 달 새 1억 7,000만 원이 떨어졌다는 식을 글을 쓰려면, 적어도 기사의 발행일이 2020년 9월 5일은 되어야 합니다. 그런데 이 기사는 금방 말씀드린 것처럼 2020년 8월 10일에 발행이 되었습니다. 말 그대로 엉터리 뉴스인 것입니다. 재테크 시장에서는 빈번하게 이런 엉터리 뉴스를 내보내곤 합니다.

재테크 뉴스는 사람의 돈에 대한 본능적인 호기심을 충족시킬 뿐만 아니라, 재테크 시장 참여자들의 이익과 직접적인 연관이 있고 항상 불안정한 현실을 반영합니다. 보지 않으면 불안하고 보고 나면 더욱더 불안해지는, 그래서 결국 또다시 보게 되는 것이 재테크 뉴스입니다. 마치 끊을 수 없는 마약처럼 중독되는 것입니다.

그런 의미에서 우리가 가장 경계해야 하는 것 또한 재테크 뉴스입니다. 더 이상 유연한 사고를 바탕으로 비판적인 시각을 가지고 세상을 바라보지 못하게 된 사람들은 언론에 의해 아무런 생각 없이 줄지어 다니는 장 앙리 파브르의 송충이가 될지도 모르는 일입니다.

통계는 거짓말이다

천안함 침몰 사건과 관련한 여론 조사에서 행정안전부는 국민의 68.7%가 천안함 침몰 사건을 북한의 소행으로 생각한다고 발표했습니다. 잠시 생각해봅시다, 국민의 67.8%라니요? 분명히 이 책을 읽고 있는 여러분은 2010년 6월에 천안함 침몰 사건과 관련한 여론 조사에 참여한 기억이 없을 것입니다. 그렇다면 행정안전부는 몇 사람을 대상으로 여론 조사를 실시했기에 국민의 67.8%라는 표현을 사용하는 것일까요?

정답은 성인 남녀 1,000명과 청소년중고생 1,000명을 합한 2,000명입니다. 도시 지역의 초등학교 학생 수가 2,000명 전후임을 감안할 때 2,000명을 '국민'이라고 표현한 것에는 상당한 무리가 있어 보입니다.

더 재미있는 것은 행정안전부에서 여론 조사를 실시하기 두 달 전인 2010년 4월 당시 야당 소속의 한 국회의원이 국민의 66.9%가 천안함 침몰 사건에 관한 정부의 발표를 신뢰하지 않는다는 여론 조사 결과를 발표했다는 것입니다. 이 역시 국민의 66.9%라고 발표하기에는 상당한 무리가 있어 보이는 19세 이상의 남녀 1,000명을 대상으로 표본 조사를 한 것입니다.

야당에서는 천안함 침몰 사건의 원인이 북한의 소행이라는 정부의 발표를 국민들이 신뢰하지 않는다며 여론 조사를 들먹이고, 정부 역시 여론 조사를 들먹이면서 국민들이 자신들의 발표를 신뢰한다고 주장합니다. 정부와 야당의 다툼으로 리서치 업체들만 돈을 번 것은 아닌지 생각해볼 일입니다.

재테크 뉴스를 수시로 장식하는 부동산 관련 통계도 재미있기는 마찬가지입니다. 하나만 살펴보겠습니다. '전세수급지수'라는 것이 있습니다. 전세 수요에 비해 공급물량이 어느 정도인지를 나타내는 통계입니다. KB국민은행에서 매주 발표하는데, 해당 지수가 100이 넘으면 전세 공급이 부족하다는 뜻으로 소수점 한 자리까지 표현됩니다. 많은 재테크 전문가들이 이 지수를 근거로 특정 지역의 전세가 부족한지 그렇지 않은지를 논합니다. 사람들은 이 이야기를 듣고 '아,

그렇구나. 전세 물량이 충분한지 아닌지를 나타나는 통계가 있구나'라고 여기는데, 사실 이 지수는 엄밀한 통계에 바탕한 것이 아닙니다.

이 지수는 KB국민은행이 협력 개업 공인중개사들에게 전세 매물의 '부족', '적당', '충분' 여부를 묻고, 100을 중심으로 부족하다는 답변을 더하고, 충분하다는 답변을 뺀 지수에 불과하기 때문입니다. 즉 개업 공인중개사의 '느낌적인 느낌'을 묻는 지수이기 때문에, 해당 지수가 반드시 전세 공급의 부족·충분 상태를 나타낸다고 할 수는 없는 것입니다. 그런데도 해당 지수는 소수점 한 자리까지 표현되기 때문에 왠지 모르게 정확하고 대단히 정밀한 통계처럼 느껴집니다.

앞에서 살핀 천안함 침몰 사건의 여론 조사와 전세수급지수 등의 부동산 통계를 비롯한 대부분의 통계에서는 표본 추출 방식을 사용합니다. 표본 추출의 정확성은 어느 분야든 통계를 낼 때 가장 중요한 핵심이라고 할 수 있습니다. 실제로 표본을 추출하는 방법은 매우 다양하지만 기본 원리는 아주 단순합니다.

여기 구슬이 한 말 있다고 가정해봅시다. 그 안에는 검은색 구슬과 흰색 구슬이 섞여 있습니다. 이때 검은색 구슬과 흰색 구슬의 개수를 '정확하게' 알 수 있는 방법은 하나밖에 없습니다. 한 개씩 모두 세어보는 것입니다.

그러나 그것은 번거롭습니다. 따라서 우리는 검은색 구슬과 흰색 구슬이 '대략 몇 개인지' 알아볼 수 있는 방법을 택합니다. 손으로 구슬을 한 줌 가득 집어내서 세어보는 것입니다. 그리고 손 안에 들어 있는 검은색 구슬과 흰색 구슬의 비율에 따라 구슬 전체를 추측합니다. 어떤가요? 이 방법으로 검은색 구슬과 흰색 구슬의 개수를 대략적으로 알 수 있을까요?

추출한 표본의 크기가 충분히 크다면, 또 그 표본을 선택하는 방법이 적절하다면 어느 정도는 그 표본이 모집단 전체를 대표한다고 볼 수 있습니다. 그러나 두 조건 중에 어느 하나라도 어긋나게 된다면, 오히려 전체를 심각하게 왜곡할 수도 있습니다. 구슬 한 말의 표본이 한 줌인 위 사례도 왜곡된 통계를 만들어내겠지요. 그럼에도 우리가 접하게 되는 수많은 통계들이 표본의 크기가 너무 작거나 잘못된 표본 추출 방법에 의해 만들어진 것들입니다.

이런 문제들을 안고도 통계는 계속해서 만들어집니다. 여론에 영향을 미치려는 이들의 주문에 의해 왜곡된 통계의 수요가 지속적으로 생겨나기 때문입니다. 이들의 수요가 계속되는 한 엉터리 통계는 앞으로도 계속 만들어질 것입니다. 미국의 소설가 마크 트웨인 Mark Twain은 통계에 관해 익히 이렇게 말한 바 있습니다.

"거짓말에는 세 가지가 있다. 거짓말과 새빨간 거짓말, 그리고 통계이다."

말도 안 되는 이야기일수록 힘이 세다

우리는 모두 이야기꾼인 동시에 이야기 중독자입니다. 사람들은 숫자와 지루한 그래프보다는 이야기를 좋아하고, 기업들은 이 사실을 잘 알고 있습니다.

이야기는 사람들을 움직이는 가장 효과적인 수단 중 하나입니다. 잘 만들어진 이야기는 특별한 비용이 없어도 발을 달고 천리를 가기 때문입니다. 기업에서는 '마케팅'이라는 효과적인 장치를 사용해서 여러분에게 되도록 많은 이야기를 전하려고 합니다. 그 때문에 마케터들은 사람들을 통해 계속적으로 전해지는 이야기들의 비밀을 풀기 위해 지금도 동분서주하고 있습니다.

미국의 인지심리학자인 로저 생크Roger Schank와 로버트 아벨슨Robert Abelson은 이야기가 기억을 저장하는 데 핵심적인 역할을 한다고 말합니다. 그들의 주장에 따르면 중요한 사실에 대한 기억은 이야기의 형태로 뇌에 저장된다고 합니다. 우리 뇌에 단기적인 기억으로 저장되는 기억들은 사고 작용에 큰 영향을 미치지 못하고 시간이 흐르면 흐릿해지고 지워지지만, 이야기 형태로 저장된 기억들은 시간이 지나도 지워지지 않고 남는다는 것입니다.

그러고 보면 사람들은 본인이 흥미 있어 하는 이야기는 한 번만 들어도 잊어버리지 않고 시간이 흐른 뒤에도 다른 사람들에게 똑같이 이야기할 수 있을 정도로 기억을 잘 합니다. 반면 이야기가 없는 단편적인 수학 공식이나 전문 용어들은 듣고 나서 일정한 시간이 지나면 쉽게 잊어버립니다.

대화 역시 이야기의 형태를 취합니다. 예를 들어 한 사람이 다른 사람에게 어떤 이야기를 들려주면, 그 이야기를 들은 상대방은 관련된 다른 이야기를 떠올리며 해당 이야기를 합니다. 그러면 처음 이야기를 시작한 사람이 다시 그와 관련된 이야기를 하는 식으로 이야기를 통해서 자연스럽게 대화가 계속 이어집니다. 이 과정에서 대화는 여러 주제에 걸쳐 무작위로 옮겨 다니지만, 대화의 당사자들은 예전에 들었거나 했던 이야기들을 다시 꺼내어 되풀이함으로써 기억을 강화시킵니다.

아래 예시된 이야기들은 동서양을 막론하고 사람들을 통해 계속해서 이어지는 이야기들 중 증명되지 않았거나 잘 생각해보면 말이 되지는 않지만 많은 사람들이 알고 있으며, 심지어 몇몇 사람들은 진실이라고 믿을 정도의 이야기를 간추린 것입니다.

- 싸구려 햄버거의 패티는 쥐 고기로 만들어진다.
- 달 착륙은 조작된 것이며 할리우드의 영화 스튜디오에서 찍었다.
- 중국의 만리장성은 우주에서 육안으로 볼 수 있는 유일한 인공 건축물이다.
- 사람이 평생 동안 사용하는 뇌 기능은 10%에 불과하다.

위의 이야기 중에서 적어도 두 개 이상은 어디서 한번쯤 들어보았거나 알고 있는 이야기일 것입니다. 이처럼 잘 만들어진 이야기는 사람들의 입에서 입으로 전해지며 기억에 오랫동안 남게 됩니다. 그 때문에 이야기의 유효 기간이 상당히 길며, 그 파급력 또한 매우 큽니다. 《이솝 우화》가 나온 지 2500년이 지난 지금까지도 우리에게 전해지고 있는 것을 떠올려보면 알 수 있습니다.

대한민국 부동산 시장에도 잘 생각해보면 말이 되지는 않지만, 많은 사람들이 진실이라고 믿고 있는 이야기가 있습니다. 바로 "임대인이 이자 수익을 얻기 위해 전세를 놓는다"는 이야기입니다. 앞서 말씀드린 것처럼 이런 설명은 오류입니다. 해당 이야기에 따르자면 대한민국에 이런 임대인이 있다는 것입니다. 예컨대 10억 원짜리 집을 산 후, 그 집을 7억 원에 전세를 놓고 전세금으로 받은 7억 원을 은행에 예치하여 이자 수익을 올리는 임대인. 그래서 금리가 내려가면 그 임대인이 전세를 놓을 유인이 사라져 전세가 소멸한다는 것입니다. 그런데 생각해봅시다. 이렇게 하면 3억 원에 대한 이자는 손해를 봅니다. 차라리 10억 원을 은행에 넣어놓는 것이 더 이득 아닐까요?

영웅을 본 적 있나요?

진실은 그 자체로 불편할 때가 있고, 많은 경우에 재미가 없습니다. 그 때문에 많은 이야기들이 재미를 위해 진실보다 과장되거나 약간의 허구를 넣어 각색되곤 합니다. 생각해보면 여러 사람을 거쳐서 전해지는 유명한 이야기들 대부분이 각색되어 여러 가지 각편으로 존재하는 경우가 많습니다. 가령 어떤 이는 싸구려 햄버거 패티의 재료가 비둘기 고기라는 이야기를 듣지만, 또 어떤 이는 쥐나 닭의 머리 고기라는 이야기를 듣습니다.

재미를 주려고 말하는 사람의 욕구는 재미를 얻으려고 듣는 사람의 욕구와 곧잘 맞아떨어지곤 합니다. 말하는 사람은 이야기를 보다 재미있게 혹은 신빙성이 높아 보이게 하려고 이따금씩 이야기의 직접성을 높이는 각색을 합니다. 주변 사람들에게 일어난 일을 자신에게 일어난 일로 바꿔 말하거나, 인터넷 게시판에서 읽은 이야기를 자기 동생에게 일어난 일처럼 말하는 것입니다.

이야기의 직접성을 과장했을 경우, 듣는 사람은 그 이야기를 더 신뢰하게 됩니다. 그러나 사실은 그 반대입니다. 대체 얼마만큼의 단계를 거쳐서 전달된 이야기인지 얼마만큼의 과장이 섞인 것인지 정확하게 알 수가 없기 때문입니다.

어떤 연구 결과를 인용한 여러 종류의 글을 비교했을 때 소소하게 상이한 내용을 자주 접합니다. 그 이유는 해당 연구 결과를 인용한 저자 중 대다수가 원래의 연구 보고서를 직접 찾아 읽지 않았기 때문입니다. 이는 전문적인 글에서 자주 나타나는 문제입니다. 다른 사람의 연구를 직접 인용했다고 생각하게 하는 이의 글도 사실은 한 단계, 혹은 몇 단계를 거친 간접 인용인 경우가 다반사죠.

이야기가 여러 단계를 거칠수록 그것이 중간 어딘가에서 왜곡이 이루어질 가능성이 큽니다. 그런데 화자가 어디에서 시작해 어느 단계를 거쳐 건너온 이야기인지를 언급하지 않고 이야기의 직접성을 높여 말함으로써 청자가 출처를 잘못 알게 된다면 즉, 이야기가 얼마나 멀리에서 전해져 왔는지를 모른다면 청자는 해당 이야기가 얼마나 왜곡이 됐을지 추측하기가 어렵습니다.

여러 사람을 거친 이야기를 마치 직접 들은 이야기인 것처럼 전함으로써 생기는 오해들 중 특히 두드러지는 것은 어떤 현상을 실제보다 더 흔한 일로 여기는 오해입니다. 만약 열 명의 친구들이 자신의 어린 자녀들이 유튜브 시청을 너무 오래해서 언어 발달 장애를 겪고 있다고 한다면, 이 이야기를 전해들은 사람은 장시간의 유튜브 시청이 실제로 어린 자녀의 언어 발달에 좋지 않은 영향을 미친다는 결론을 내려도 무방할 것입니다. 하지만 열 명의 친구들이 장시간의 유튜브 시청으로 언어 발달 장애를 겪는 아이에 관한 이야기를 어디서 들었을 뿐이라고 한다면 그런 사례가 흔한 일은 아니라고 생각할 것입니다.

자정을 넘은 늦은 시간 한 여성이 집으로 귀가하기 위해 택시를 잡고 있었습니다. 택시 한 대가 여성 앞에 섰습니다. 평소 조수석에 앉는 습관이 있었던 여성은 무심결에 조수석 문을 열었습니다. 아니, 이럴 수가! 조수석 밑에는 손에 칼을 든 험악한 인상의 남성이 쪼그리고 앉아 있었습니다. 손에 칼을 든 남성은 여성을 쳐다보며 말했습니다. "아가씨! 오늘 운 좋은 줄 아쇼!"

이 이야기는 제가 지금까지 살면서 적어도 다섯 사람 이상에게 들었던 이야기입니다. 제게 이야기를 전해준 사람들은 제각기 친구, 회사 동료, 동생의 친구, 아는 동생 등에게 일어났던 일이라며 모두 호들갑을 떨면서 이야기를 시작했습니다.

제 주위의 많은 사람들도 저와 비슷한 횟수로 이 이야기를 들었다고 합니다. 그들이 들은 이야기 역시 등장인물이 회사 동료, 동생의 친구 등으로 다양했습니다. 만약 이 이야기들이 모두 진실이라면, 제 주위의 많은 여성들이 실제로 칼을 들고 조수석에 쪼그리고 있던 남성을 목격했고 택시에서 강도를 만날 뻔 했다는 것이 됩니다.

그렇다면 정말 그렇게 많은 여성이 택시 강도의 위험을 경험했을까요? 물론 답은 "아니요!"입니다. 실제로 많은 여성들이 이 이야기에 등장하는 주인공과 같은 경험을 했다면, 우리나라를 발칵 뒤집어놓을 정도의 큰 뉴스거리가 되었을 것입니다. 하지만 그런 이야기가 뉴스에 나온 적은 단 한번도 없습니다.

여러 사람을 거쳐 온 이야기의 대부분이 그렇듯이 이 이야기를 저에게 전해준 사람들 역시 집에 귀가하는 여성이 술에 취해 조수석 문을 열었다거나, 승차하기 전 집 위치를 설명하기 위해 조수석 문을 열었다는 등의 여러 버전으로 각색된 이야기를 들려주었습니다 그러고 보니 친구 혼자 사는 집에 놀러가서 친구는 침대에, 본인은 바닥에 누웠는데 침대 밑에 칼을 든 남성이 숨어 있었다는 택시 강도 이야기와 같은 구성의 다른 이야기도 들은 적이 있습니다.

재테크 시장의 영웅들도 택시 강도 이야기처럼 각색되곤 합니다. 그저 어딘가에서 들었던 흥미로운 택시 강도 이야기를 친구, 회사 동료, 동생의 친구 등으로 각색하듯이 미디어를 통해 들은 얼굴도 알지 못하는 재테크 시장의 영웅을 자신의 삼촌, 회사 동료 등으로 직접성을 높여 각색하는 것입니다.

그저 재미를 위해 이야기를 각색하는 이들의 의도는 대부분 순수합니다. 하지만 그렇다 해도 이야기의 직접성을 높이는 각색은 이야기를 접하는 사람들로 하여금 자기 주변에서 실제로 그런 일들이 일어났다는 믿음을 갖게 만듭니다. 따라서 굳이 걱정하지 않아도 될 대수롭지 않은 위험을 심각한 위험으로 확대해 생각하거나, 자주 일어나지 않는 행운의 사건을 자주 일어나는 빈번한 사건으로 생각하게 할 수 있습니다.

바로 이와 같은 직접성을 높이는 각색 덕분에 우리 주위에는 늘 재테크 시장의 영웅들이 넘쳐납니다. 아는 친구의 동생이 주식으로 얼마를 벌었다더라, 회사 동료의 아는 친구가 비트 코인으로 대박이 났다더라 등등으로 말입니다. 언제든 기회가 된다면 소문만 무성한 재테크 시장의 영웅을 직접 만나 보았으면 좋겠습니다.

'13억 대박녀'를 만드는 사람들

2011년 8월 18일 〈머니투데이〉에 실린 기사를 읽어보도록 합시다.

선배 말 듣고 풋옵션 매수, 1,700만 원이 나흘 새 13억

폭락장에 코스피 200 지수 매수, 나흘 만에 76.5배 대박

30세를 갓 넘긴 미혼 직장 여성이 최근 증시 폭락 때 풋옵션에 투자해 76.5배의 '초대박'을 터뜨렸다. 1,700만 원의 투자 원금이 나흘 새 13억 원이 된 것.

17일 증권업계에 따르면 여의도에서 직장생활을 하는 김아름 씨31·가명는 지난 3일 친분이 있는 선배의 권유로 코스피 200 지수 풋옵션을 1,700만 원어치 샀다.

김 씨가 풋옵션을 매수한 날은 코스피 지수가 이틀 연속 50포인트 이상 급락, 지수가 5% 이상 내려간 상태였다. 모 경제 일간지 기자로 일하고 있는 전 직장 선배가 "폭락장에서는 풋옵션을 사야 수익을 낼 수 있다"고 조언하자 곧바로 실행에 옮겼다. 옵션이란 주식을 정해진 가격에 팔 수 있는 권리를 사고파는 것으로 주가가 떨어질수록 돈을 번다.

매수인의 입장에서 주식 가격이 하락하면 무한정의 이익을 얻을 수 있고, 주식 가격이 상승하더라도 프리미엄만 포기하면 되므로 손해는 한정된다. 하지만 레버리지가 크기 때문에 개미들이 투자하기에 부적합한 투자 대상으로 인식되고 있는 것도 사실이다.

증권사도 아닌 일반 기업에 다니는 직장인이 하루 종일 홈트레이딩 시스템HTS을 바라볼 수도 없는 일. 바쁜 업무에 매몰돼 주가 시세도 챙겨보지 못하다 어느 순간 계좌를 열어본 김 씨는 입이 벌어졌다. 계좌평가액이 1,700만 원에 '0'이 몇 개 더 붙어 십억 원대로 불어나 있었던 것. 4거래일을 보유한 후 김 씨는 코스피 지수가 전저점을 갱신한 9일 풋옵션을 매도했다.

1,700만 원을 투자해 김 씨가 번 돈은 13억 원. 수익률로 계산하면 7650%에 달한다. 평범한 직장인이 일만 해서는 평생 만져볼 수 없는 돈을 김 씨는 단 5일 만에 벌었다. 김 씨에게 풋옵션 투자를 권유한 선배인 모 경제지 기자는 조언만 해주고 정작 본인은 주식을 사지 않은 것으로 확인됐다. 그는 "농담처럼 한 말이었는데 진짜 샀다는 얘기를 듣고 나중에 놀랐다. 오히려 투자에 능숙한 전업투자자였더라면 쉽게 저지르지 못했을 것"이라고 밝혔다. 여의도 한 증권사 직원은 "마냥 부럽고 한편으론 배짱이 대단하다는 생각이 든다"고 혀를 내둘렀다.

기사에 나와 있다시피 당시는 말 그대로 '폭락장'이었습니다. 미국의 신용등급 강등 사태2011년 8월 6일에 국제신용 평가사 S&P가 미국의 신용등급을 AAA+에서 AA+로 한 단계 강등한 사건와 유럽의 재정 위기 등을 이유로 주식 시장이 곤두박질쳤습니다. 여느 주식 시장 폭락 때가 그렇듯 당시에도 증권사 직원과 일반 주식 투자자들이 투자 실패를 비관해 자살했다는 뉴스를 접하는 것이 어려운 일이 아니었습니다.

당시 같은 시기에 단 나흘 만에 7000%가 넘는 수익률을 거두었다는 이 믿기 힘든 이야기는 투자자들의 눈길을 사로잡기에 충분했습니다. 그런데 어찌된 영문인지 그 이야기를 다루고 있는 기사 모두가〈머니투데이〉, 〈매일경제〉 등 10여 개 신문에서 본 이야기를 기사로 다루었습니다 13억 원을 벌어들였다는 사람과의 인터뷰는 전혀 진행하지 않았습니다. 각 신문의 기사는 한결같이 이야기의 출처를 이렇게 소개했습니다.

"증권업계에 따르면", "관련 업계는…."

흥미로운 것은 이야기 주인공에게 풋옵션 투자를 권유한 이가 바로 '모 경제 신문의 기자'라는 사실입니다. 어째서 '모 경제지의 기자'는 홍행 보증수표나 다름 없는 13억 원을 벌어들였다는 이와 직접 인터뷰를 하지 않았을까요? 농담을 좋아하는 제 첫째 동생에게 이런 질문을 던지면 분명히 이런 대답을 할 것입니다. "그가 수줍음이 많은 성격이라서 그런 것 아닐까?"

어쨌든 이야기를 다룬 신문 기사를 통해서 우리가 분명히 알 수 있는 것이 한 가지 있습니다. 바로 13억 원의 수익을 낸 대박 이야기가 기사화되기까지 얼마만큼의 단계를 거쳤는지 전혀 알 수가 없다는 것입니다. 즉 이야기가 어디에서 시작되어 전해졌는지를 모르기 때문에, 중간에 얼마나 많은 왜곡이 있었는지를 전혀 추측할 수 없는 것입니다. '바늘 도둑' 이야기가 여러 단계를 거치면서 '소도둑' 이야기로 왜곡되는 것처럼, 13억 원의 대박 수익 이야기 역시 여러 단계를 거치는 동안 중간 어딘가에서 왜곡되었을 가능성이 높습니다. 비슷한 이야기는 계속 반복됩니다. 2020년 9월 23일 〈뉴스1〉에 실린 기사를 살펴봅시다.

'80억 주식대박' 슈퍼개미된 공무원, 사직서에 시청 '발칵'

코로나 수혜 신풍제약으로 수십 배 수익 "소문"

이달 말 퇴사 해당 공무원 "나와 관계없는 일"

경기북부의 한 지방자치단체의 공무원이 신풍제약 주식에 투자해 수십 억대 수익을 올린 뒤 사직서를 낸 것으로 알려졌다. 공직사회에서 설왕설래하는 가운데 정작 해당 공무원은 "나와 관계없는 일이다"라며 사실무근이라는 입장을 밝혔다.

23일 복수의 관계자들에 따르면 경기북부지역 모 시청 주무관 A씨가 최근 1년 새 신풍제약에 투자해 원금의 수십 배에 달하는 수익을 냈다는 소문이 파다하다. A씨와 같은 시청에 근무하는 한 인사는 A씨의 수익이 80억 원대라고 귀띔했다. 이 직원은 현재 휴가 중이며 이달 말 퇴사하는 것으로 전해졌다.

이 지역에선 지난 19일 로또 1등 당첨자가 나와 화제가 되기도 했다. 이에 시청 직원들은 "로또는 10억 원대지만, 신풍제약에 제대로 투자했으면 80억 원대"라며 A씨의 투자비법에 대해 논란이 분분하다. A씨에게 전화 인터뷰를 요청했지만 A씨는 "할 말이 없다. 관계없는 일이다"라면서 전화를 서둘러 끊었다.

신풍제약은 올해 주가가 30배 급등했다. 최근 신풍제약은 말라리아 치료제 '파라맥스'가 코로나19 감염증 치료제로 쓰일 수 있다는 기대감에 주가가 폭등했다. 연초 7,240원에 불과했던 주가가 무려 2800% 가까이 오르기도 했다. 하지만 지난해 매출은 1,897억 원, 영업이익은 20억 원 수준이란 점에서 논란이 일었다.

이 기사를 통해서 우리가 알 수 있는 사실은 두 가지밖에 없습니다. 첫째, 이야기의 주인공이 근무하는 지역에서는 지난 19일에 로또 1등 당첨자가 나와 화제가 되었다는 것. 둘째, 신풍제약의 올해 주가가 30배 급등했다는 것. 그 외에 정작 이야기의 핵심과 관계된 것은 사실로 밝혀진 것이 단 하나도 없습니다. "경기북부지역 모 시청 주무관 A씨가 최근 1년새 신풍제약에 투자해 원금의 수십 배에 달하는 수익을 냈다"는 건 복수의 관계자들 사이에서 소문으로 파다할 뿐입니다. 정작 A씨는 기자의 전화 인터뷰 요청에 "할 말이 없다. 관계없는 일이다"라고 했습니다.

우린 과연 이 기사를 읽고 '아! 경기북부의 한 지방자치단체의 공무원이 신풍제약 주식에 투자해 수십 억대 수익을 올린 뒤 사직서를 냈구나!'라고 생각해야 할까요? 아니면 '이 기자는 사실관계도 확인 안 하고 '소문'으로만 기사를 쓰는 구나'라고 생각해야 할까요?그러고 보니 우리는 기사를 통해서 경기북부의 '한 공무원이 주식투자로 대박을 냈다는 소문이 돈다는 사실'도 알 수 있네요

어차피 사실관계도 확인되지 않은 소문이니 마음대로 상상해봅니다. 혹시 지난 19일에 복권 1등에 당첨된 게 A씨 아닐까요? 그래서 A씨는 복권에 당첨이 되어서 사직서를 냈고, 기자에게 주식 투자 관련해서는 "할 말이 없다. 관계없는 일이다"라고 한 게 아닐까요? 출처가 분명하지 않은 이야기는 그것이 부모님이 말씀해준 것이라 해도 신뢰하지 않는 것이 좋습니다. 출처가 분명하지 않은 이야기, 특히 소문만 무성하고 이야기의 당사자가 정체를 드러내지 않는 이야기는 '엄마 친구의 아들'로 족합니다.

이야기꾼에게 진실은 필요 없다

때로 이야기를 하는 사람들은 특정 목적을 성취하기 위해 계획적으로 이야기를 각색하거나 만들어내기도 합니다.

"남편은 매독 환자이고, 당신은 결핵에 걸렸습니다. 이미 자식을 넷이나 낳았는데 첫째는 맹인이고, 둘째는 사산했고, 셋째는 농아이고, 넷째는 결핵에 걸렸습니다. 당신은 임신한 다섯째 아이를 낳을 수도 있고, 임신 중절을 선택할 수도 있습니다. 어떻게 하시겠습니까? 임신 중절을 선택하겠습니까? 축하합니다. 당신은 지금 베토벤을 살해했습니다."

이 이야기는 일부 낙태 반대론자들이 사용하는 '베토벤의 오류'라는 이야기입니다. 이야기를 베토벤의 오류라고 부르는 데는 재미있는 사연이 있습니다. 이 이야기는 창작된 것입니다. 즉 사실이 아닙니다. 베토벤은 장남이었습니다. 첫째 아이가 태어난 지 얼마 안 돼서 세상을 떠나 엄밀히 말하면 둘째였지만 말입니다. 또한 알려진 바에 의하면 죽은 첫째는 눈이 멀거나 귀가 먹지도 않았고, 정신 지체도 없었습니다. 그의 부모가 매독에 걸렸다는 증거도 전혀 없습니다. 비록 그의 어머니가 나중에 결핵으로 죽은 것은 사실이지만 당시에는 결핵 환자가 흔했습니다.

이처럼 어떤 사람들은 이야기의 설득력을 높이기 위해 혹은 더 큰 흥미 유발을 위해 베토벤을 아홉 번째 자식으로 밀어내기도 합니다. 여느 도시 괴담이 그렇듯 베토벤 이야기도 여러 버전이 존재하는 것입니다. 베토벤 이야기처럼 특정 목적의 달성을 위해 만들어지고 부풀려진 이야기는 낙태 반대 진영에서뿐만 아니라 우리들이 미처 생각하지 못했던 여러 분야에서 사용되고 있습니다.

사실 앞에서 소개했던 장 앙리 파브르의 송충이 이야기도 각색된 것입니다35쪽 참조. 실제 《파브르 곤충기》의 송충이들은 8일째 되는 날에 화분 주위 세상을 멋지게 벗어납니다. 하지만 인터넷에 떠도는 다른 '장 앙리 파브르의 송충이' 이야기에 등장하는 송충이들은 7일째 되는 날에 모두 굶어 죽는 것으로 이야기가 끝이 납니다. 어떤 주장을 강조하기 위한 글에 조미료로 사용되기 때문입니다.

누군가는 우리나라 청년들이 노력을 하지 않는다는 본인의 주장을 강조하기 위해 7일째 되는 날에 모두 굶어 죽는 송충이 이야기를 사용하기도 합니다. 그는 송충이들이 7일째 되는 날에 모두 굶어 죽었다는 이야기를 전한 후에 다음과 같이 말합니다.

"이것이 바로 우리나라 청년들의 문제점입니다. 조금만 고개를 들면 자신의 존재 목적먹이을 찾을 수 있는데, 그런 노력은 하지 않고 앞의 사람만을 쫓아가며 살고 있습니다. 결국 이러한 삶을 사는 청년들은 자신의 삶을 잃어버리고 다 같이 굶어 죽습니다."

송충이 이야기는 지금도 여전히 통용되어 쓰입니다. 2020년 7월 10일 〈이데일리〉 신문에는 '이기는 전략, 나만의 차별화'라는 제목의 칼럼이 실렸습니다. 필자는 "누구도 모방하지 않고 누구도 따라 할 수 없는 기업을 추구해야 한다"는 본인의 주장을 강조하기 위해 굶어 죽는 장 앙리 파브르의 송충이 이야기를 사용했습니다언제 굶어 죽는지는 설명되어 있지 않습니다.

우리 주위에는 이런 식으로 어떤 주장을 강조하거나 교훈을 주기 위한 가짜 이야기가 참으로 많습니다.

"옆 동네 어떤 아이는 모르는 아저씨가 사탕 사준다는 말을 믿고 따라갔다가 영영 집에 돌아오지 못했어!"

어린 시절에 누구나 한번쯤 이런 이야기를 들어봤을 겁니다. 부모가 즐겨하는 이 거짓말은 아이들에게 낯선 어른의 말을 무조건 믿거나 따라가서는 안 된다는 교훈을 주기 위한 일종의 동화입니다.

노력에 대한 메시지를 강조하기 위해 만들어진 '우아한 백조 이야기'도 있습니다.

"물 위를 우아하게 떠다니는 백조는 가라앉지 않기 위해 물 밑에서 쉴 새 없이 물장구를 친다."

이 이야기는 거짓입니다. 실제로 물 위에 떠 있는 백조를 본 사람은 압니다. 백조는 물장구를 치지 않고 물 위에 그냥 가만히 있어도 뜹니다. 공기를 머금은 깃털과 함기골공기가 들어 있는 뼈 등이 백조에게 물에 뜰 만큼의 부력을 제공하기 때문입니다. 물 위에 떠 있는 오리 등을 관찰한 경험이 있다면 누구나 사실을 바로 알 수 있지만, 이 이야기가 워낙 유명한 탓에 많은 사람들이 별다른 의심 없이 사실이라고 믿고 있습니다.

이처럼 사실 기반의 사건이나 원작의 이야기를 각색하고 새로운 이야기도 잘 만들어내는 등 재미있게 말하는 사람을 우리는 흔히 '이야기꾼'이라고 부릅니다. 이야기꾼에게 진실은 그리 중요한 것이 아닙니다. 재테크 시장에도 이야기꾼들에 의해 각색되거나 만들어진 이야기가 상당합니다. 앞에서 소개된 13억의 대박 이야기도 그중 하나죠. 말이 나온 김에 '주식 투자 영웅' 이야기를 하나 더 소개합니다.

"지금으로부터 약 20여 년 전, 일본의 초등학교 교사가 주식 시장의 스포트라이트를 받은 적이 있습니다. 첫 급여를 받은 날부터 주식 투자를 하고 싶은데 어떤 종목의 주식을 사야 하는지 막막했던 그는 집안을 빙 둘러보다가 때마침 도시바TOSHIBA에서 만든 라디오가 눈에 들어왔습니다. 그것을 계기로 그는 급여가 들어올 때마다 도시바 주식을 꾸준히 사들이기 시작했습니다. 그저 우연히 도시바 라디오가 눈에 들어왔고, '설마 도시바가 망하겠어?'라는 생각에서 무작정 주식을 구입한 것입니다. 그렇게 10여 년이 지났고 도시바 주식은 그에게 엄청난 수익을 안겨주었습니다. 그에 관한 소문을 듣고 인터뷰를 하기 위해 찾아온 경제신문 기자에게 그는 당시 우리 집 라디오가 소니SONY가 아니었던 게 매우 안타깝다고 말했습니다."

제가 과거에 정말로 좋아했었던 이야기입니다. 과거에 저는 이 이야기를 신나게 전하며 이런 게 바로 장기투자 아니겠냐고 했습니다. 사람들은 제 이야기를 매우 재미있게 들어주었고, 마지막에 그 교사가 소니 라디오가 아니었다는 것을 안타까워한 대목에서는 대부분 탄식을 자아냈습니다.

그러나 안타깝게도 이 이야기는 만들어진 것 같습니다. 언젠가 어떤 글에 이 이야기를 넣고 싶어서 관련 자료를 찾던 중에 놀라운 사실을 알게 되었습니다. 이 교사의 이야기에 대한 자료를 인터넷 어디에서도 찾을 수가 없는 것입니다. 더욱 놀라운 것은 제가 대체 누구에게서 이 이야기를 들었는지조차 잊어버렸다는 사실입니다. 결국 저도 어쩔 수 없는 이야기꾼이었던 것입니다.

WASHINGTON,D.C.

PART 3

빤한 예측에 속아 넘어갈 수밖에 없는 이유

그들은 왜 부자가 되지 못할까?

미래를 알고 싶어 하는 것은 사람의 본능입니다. 불확실한 미래는 사람들에게 기회와 위험을 함께 가져다줍니다. 그러나 사람들은 기회보다는 위험에 더 큰 관심을 보이며 노심초사합니다. 그 때문에 많은 사람들이 미래의 위험을 피하기 위해 또는 불행한 일을 당하지 않기 위해 전지전능한 존재와 소통하기를 원합니다.

가령 잠들기 전에 자신의 신을 향해 기도를 하기도 하고, 현관 위에 부적을 붙이기도 하면서요. 설령 그것이 도움이 되지 않는다고 하더라도 손해 볼 것은 없습니다. 왜냐하면 그런 행위들로 인해서 최소한 마음의 평안은 누릴 수 있을 테니까요.

프랑스의 수학자 블레즈 파스칼Blaise Pascal은 신이 존재할 확률이 아무리 낮다고 해도 신을 믿었을 때보다 믿지 않았을 때 닥칠 대가가 훨씬 더 크다고 판단했습니다. 만약 신을 믿는 사람이 죽었을 경우 신이 존재한다면 그것만큼 좋은 것은 없을 테고, 혹여 신이 존재하지 않는다고 해도 크게 달라질 것은 없으니까요. 하지만 신을 믿지 않는 사람이 죽었을 경우 신이 존재한다면 그가 신을 믿지 않음으로 인해 받게 될 대가는 매우 가혹할 것입니다.

그래서 파스칼은 신을 믿는 것이 믿지 않는 것보다 더 낫기 때문에 신을 믿어야 한다고 주장했습니다. 신에 대한 믿음을 수단으로 사용할 만큼 죽음 이후의 사후 세계가 두려웠던 모양입니다.

미래에 대한 두려움은 우리에게 커다란 스트레스로 다가옵니다. 그렇다 보니 예나 지금이나 예측과 관련된 사업은 여전히 성행하고 있습니다. 예측 사업은 정말로 많은 이에게 일자리를 제공하고 있습니다. 증권 분석가와 과학 분야의 전문가, 더 나아가서는 어떤 초자연적인 힘을 이용해서 미래를 내다본다는 예언가에 이르기까지 참 다양한 직업이 있습니다. 그런 '예측 사업'을 통해 부와 명예를 얻는 사람들도 상당합니다.

예측 전문가들이 돈을 벌어들이는 가장 일반적인 방법은 미래에 일어나게 될 일이 사람들의 인생이나 사업에 어떤 영향을 미칠지 알려주는 것입니다. 그런 경우 대부분의 예측 전문가들은 사람들에게 곧 다가올 끔찍하고 암울한 미래를 설명하는 일에 자신의 힘 대부분을 쏟죠. 미래에 대한 두려움의 크기와 사람들이 지불하는 돈의 크기가 비례한다는 사실을 잘 알고 있기 때문입니다보험 가입을 생각해보세요.

그런데 여기서 한 가지 의문이 듭니다. 그들이 그토록 똑똑하고 미래를 잘 예측한다면, 어째서 테슬라의 일론 머스크Elon Musk나 삼성그룹의 이재용 부회장만큼의 거부巨富가 되지 못했느냐는 점입니다. 만약 그들이 특정 시간의 주식 시장 변동을 예측할 수 있다거나 어떤 기술 분야가 사업적으로 성공할 것인지를 예측할 수 있다면, 또는 곡물 수확 시기의 기후를 예측할 수 있다면, 주식 시장이나 상품 시장에서 한순간에 수십억 원의 수익을 얻을 수 있을 텐데 말입니다.

어째서 예측 전문가들은 그토록 자랑스러워하는 자신들의 예측 능력을 이용해서 거부의 반열에 오르지 않고, 사람들에게 예측을 팔아서 먹고사는 것일까요? 과연 그들이 미래를 예측할 수는 있기나 한 걸까요?

이웃집 철수의 것과 다르지 않은 예측들

지금까지 예측 전문가들은 날씨와 경제, 산업 분야를 비롯해서 인류 역사를 만들어가는 의미 있는 사건들이나 결정적인 전환점을 미리 알아채는 데 실패를 거듭해왔습니다. 독일 통일에 대해서 생각해봅시다. 당시 예측 전문가들은 독일이 통일되리라는 것을 상상조차 하지 못했습니다. 게다가 어떠한 무력 충돌도 없는 독일의 통일이라니, 이는 당시에 정말 상상도 할 수 없는 사건이었습니다.

독일은 아주 우연한 계기로 통일에 이르렀습니다. 1989년 11월 9일, 동베를린 정치국의 귄터 샤보프스키Günter Schabowski는 서독 여행을 위한 여권의 발급 기간을 단축한다는 내용을 기자회견으로 발표했습니다. 그런데 그날 있었던 정치국 회의에 참석하지 않았던 그는 그 규정이 언제부터 시행되느냐고 묻는 기자의 질문에 당황해 하며 "지금 당장, 지체 없이!"라고 답했습니다. 단순 여행에 숨통을 틔워준 수준의 발표였는데, 독일어에 서툰 이탈리아와 미국 기자들이 "베를린 장벽이 무너졌다!", "내일부터 당장 동베를린 사람들이 베를린 장벽을 통과할 수 있다!"라는 식으로 자국 신문에 대서특필을 했고, 그날 밤 서독 언론에서는 외신을 짜깁기해 "드디어 동독이 국경을 개방했다"라는 애매한 보도를 내보냈습니다.

이 뉴스를 접한 많은 사람들이 베를린 장벽으로 몰려갔습니다. 국경 수비대들이 저지했지만 그들은 "뉴스를 듣지도 못했느냐!"라며 따지기 시작했고, 결국 국경 수비대는 길을 터주게 됩니다. 그렇게 해서 서독과 동독을 가로막고 있던 베를린 장벽은 바로 그날 밤 무너지게 됩니다.

이외에도 예측 전문가들은 1987년 미국의 주가 대폭락, 2001년 미국의 9·11 테러, 2007년 미국의 서브프라임 모기지 사태, 2008년 중국의 쓰촨성 대지진, 2020년 캘리포니아 산불 그리고 코로나19 사태까지 굵직한 역사적 사건들을 전혀 예측하지 못했습니다.

그들은 어째서 이와 같은 역사적인 사건들을 예측하지 못했을까요? 그들은 왜 한 달 전, 심지어 하루 전에도 그 엄청난 사건들을 예측하지 못한 것일까요? 물론 역사적인 사건들을 미리 예측하고 맞춘

극소수의 예측 전문가들이 있기는 합니다. 하지만 그들 대부분은 명성을 얻은 이후에 말도 안 되는 엉터리 예측으로 자신의 영광을 날려버렸습니다.

주식 시장을 예로 들어보겠습니다. 1987년 미국의 주가 대폭락을 정확하게 예측해 일약 스타가 된 엘라인 가자렐리Elaine Garzarelli는 주가 대폭락 예측 이후 10년 동안1987~1996년 〈비즈니스위크〉, 〈뉴욕타임스〉, 〈월스트리트저널〉 등을 통해 열세 건의 증시 상승 또는 하락을 예측했지만, 그 가운데 적중한 것은 다섯 건으로 절반도 채 되지 않았습니다. 또한 주가 대폭락 예측 이후 그녀가 7년 동안 운영해오던 펀드 역시 실적 부진을 이유로 1994년 8월 폐쇄하기에 이릅니다. 1987년 주가 대폭락 예측은 그녀가 수없이 휘두른 방망이에 우연히 맞은 공 하나가 담장 밖으로 넘어간 것뿐이었던 것입니다.

재미있는 사건을 하나 더 살펴봅시다. 1985년에 영국의 경제 주간지 〈이코노미스트〉는 10년 후의 영국 경제를 예측하는 대회를 열었습니다. 다양한 직업을 가진 사람들이 이 대회에 참가했고 〈이코노미스트〉에서는 누가 가장 근접한 예측을 했는지를 10년 뒤인 1995년에 발표했습니다. 그 결과, 화장실 청소부와 다국적 기업의 회장이 공동 1위를 차지했습니다. 경제를 예측하는 것은 학력이나 직업적인 전문성과는 아무런 연관성이 없다는 것을 알 수 있습니다.

우리나라 증권가의 주가 지수 예측을 살펴봅시다. 2011년 7월,

각 증권사의 애널리스트들이 8월의 코스피를 예측했습니다. 대신증권은 2,050~2,250, KTB투자증권은 2,100~2,300, 삼성증권과 대우증권은 2,100~2,300의 등락 범위로 발표했습니다. 또한 애널리스트들은 다음의 의견을 내놓았습니다.

- 홍○○ 대신증권 시장전략 팀장

"위험이 완화되면 증시는 하반기 국내외 경기 모멘텀의 강화 가능성에 관심을 둘 것이다."

- 박○○ KTB투자증권 연구위원

"3분기부터 미국의 경제성장률이 회복되고 중국의 견고한 성장, 인플레이션 압력 둔화, 한국 수출경기 호조 등 국내외 경제 펀더멘털이 긍정적이다."

- 김○○ 삼성증권 투자정보 팀장

"그리스 위기의 정점을 지났다는 사실이 중요하다. 미국 디폴트, 신용등급 하향 우려는 지나친 과장이어서 주식 시장은 낮아지는 리스크에 주목할 것이다."

- 김○○ 대우증권 투자전략 팀장

"8월에는 유럽 재정 문제 봉합, 미국 국채 발행 한도 상향 조정 등이 이루어지면서 정책 불확실성이 완화될 것이다."

- 심○○ 신한금융투자 투자전략 팀장

"8월 초 미국 부채 한도 증액 합의, 옵션 만기 변수로 2,200 돌파에 시간이 필요하다. 다음 달에는 2,200에 안착하려는 시도가 이어질 것이다."

- 김○○ 교보증권 투자전략 팀장

"아직 위험이 잠재되어 있고, 이익 모멘텀이 약해 지수 상승에 저항이 있을 것이다. 투자자를 지치게 하는 장기 악재는 없겠지만, 재정 위기와 펀더멘탈 모멘텀 악화 등 일시적인 악재는 등장할 수 있다." 그러고는 8월의 코스피 하단을 2,000이라고 말합니다.

과연 각 증권사의 스타 애널리스트들이 발표한 이 예측들은 어디까지 맞았을까요? 이들의 주장처럼 8월의 코스피가 2,000~2,300 사이를 오르내렸을까요? 그들의 높은 연봉만큼이나 예측 능력은 대단할까요? 증권시장의 실제 결과는 다음과 같았습니다.

8월 1일에 2,160.09로 시작한 코스피는 급격하게 추락하기 시작했고, 급기야 8월 5일에는 2,000선이 무너졌습니다. 8월 9일에 1,684.68까지 떨어진 증시는 2,000선을 회복하지 못한 채 결국 8월 31일에 1,880.11로 마감했습니다.

저는 2011년 8월을 잊지 못합니다. 그 달 주식 시장은 정말 완벽하게 폭락했습니다. 아마도 여러분은 숫자로 지수를 느낄 것이기 때문에 그 달의 폭락이 피부에 제대로 와닿지 않을 것입니다. 참고로 제가 그 해 8월에 뉴스를 통해 접한 자살한 사람만 세 명이었습니다. 모두 주식 투자 실패가 이유였고 증권사 직원이었던 것으로 기억합니다. 아! 그리고 이때는 앞에서 살핀 옵션 투자 대박 사건이 일어난 시기와 겹칩니다. 그때의 분위기가 어땠는지 짐작이 가시죠?

그럼 최근 사례도 살펴보겠습니다. 2020년 2월에 아래 세 명의 애널리스트가 3월의 코스피를 다음과 같이 예측했습니다.

- 김○○ 교보증권 리서치센터장

"등락 범위를 2,050~2,200로 예상."

- 오○○ 삼성증권 리서치센터장

"등락 범위를 2,000~2,150로 예상."

- 이○○ NH투자증권 리서치센터장

"2,000선 정도를 저점으로 예상."

어떻게 되었을까요? 정말 이들의 예측처럼 2,000~2,200 사이에서 움직였을까요? 그렇지 않습니다. 여러분 모두 아시는 것처럼 3월은 폭락장이었습니다 소위 '동학 개미 운동'이 시작된 때이기도 합니다. 3월 2일, 1,997.03으로 시작한 3월의 코스피는 이내 꼬꾸라지기 시작했고 3월 19일에는 1,500선이 무너지며 장중 1,439.43까지 떨어졌습니다. 이후에 그것이 조금 반등하여 3월 31일에는 1,754.64로 마감했죠. 다른 건 몰라도 이거 하나는 분명합니다. 예측 전문가들의 명성과 연봉에 비해 그들의 예측은 믿을 게 못 됩니다.

예측 전문가들이 돈을 버는 방법

동네 꼬마들이 딱지 내기 가위바위보를 하던 중 한 꼬마가 우연히 10연승을 하게 됐습니다. 이게 웬일인가 싶어 깜짝 놀란 것도 잠시, 장난기가 발동한 꼬마가 친구들에게 거짓말을 합니다. 사실 자신은 가위바위보의 요정과 알고 지내는 사이이며, 그 요정이 무엇을 내야 가위바위보에서 승리할 수 있는지를 예측해서 말해주곤 한다는 것입니다. 이어서 요정의 예측은 기가 막히게도 맞아 떨어지며, 딱지 하나를 주는 친구에게는 무엇을 내야 다음번 가위바위보에서 승리할 수 있는지를 귀띔해주겠다고 말합니다.

이 말에 속은 친구들이 너나 할 것 없이 꼬마에게 딱지를 주고 다음번 가위바위보에서 어떤 걸 내야 승리할 수 있는지를 귀띔 받았습니다. 물론 가위바위보 요정과 알고 지낸다는 꼬마의 말은 거짓이었기 때문에, 꼬마의 말을 들은 친구들은 이기기도 하고 지기도 했습니다.

다음 날 가위바위보에서 이긴 친구들은 가위바위보 요정의 신비한 능력을 자랑하며 새로운 친구들을 데려왔고, 게임에서 진 친구들은 꼬마에게 찾아와 따지기 시작했습니다. 꼬마는 따지러 온 친구들에게 단호히 말했습니다. 친구들이 가위바위보 요정을 진심으로 믿지 않아서 요정이 화가 나서 거짓을 말했으며, 다시 딱지를 가져오면 이번에야 말로 가위바위보 게임에서 이길 수 있도록 해주겠다고요. 이런 일들이 반복되기를 일주일, 결국 꼬마는 동네에서 가장 많은 딱지를 갖게 되었습니다.

이 이야기는 예측 전문가들이 어떻게 돈을 벌어들이는지를 설명하기 위해 제가 만들어낸 것입니다. 꼬마는 예측이 틀렸을 경우에 생기게 될 모든 위험을 친구들에게 전가시킨 채로 가위바위보 게임에서 이길 수 있다는 요정의 예측을 팔아서 딱지를 벌어들입니다. 왜 그랬을까요? 꼬마는 행운의 10연승을 거둔 뒤 가위바위보 게임에서 더 이길 자신이 없었던 것입니다. 만약 꼬마가 정말로 가위바위보 요정이나 필승의 전략을 알고 있어서 승리를 확신할 수 있었다면, 굳이 자신의 예측을 다른 친구들에게 팔 이유도 없었을 것입니다.

예측 전문가들 역시 가위바위보 게임에서 우연히 10연승을 거둔 꼬마와 크게 다르지 않습니다. 설사 그들의 예측이 과거 몇 차례 좋은 성적을 거두었다고 할지라도, 그들이 시장의 영웅이라 할지라도 그것은 우연, 즉 행운일 뿐입니다. 그들은 다음번에도 이길 수 있다는 확신이 없습니다. 그래서 직접 선수로 뛰지 않고 안전한 곳에서 예측을 팝니다. 하지만 실로 많은 사람이 예측 전문가들의 행운을 철석같이 실력이라고 믿습니다.

재테크 시장에서의 예측은 더욱 실력이라 믿기 쉽습니다. 돈이 오가는 전쟁 같은 현장에서 몇 번의 예측 성공으로 부를 이루었으니 신뢰도가 급상승할 수밖에 없습니다. 재테크 시장은 참으로 고약합니다. 예측에 대한 맹신도 그렇지만, 투자 자금을 전혀 대지 않고 위험도 전혀 떠안지 않은 예측 전문가들이 투자 자금을 100% 제공하고, 위험도 100% 떠안은 일반 투자자들보다 더 많은 돈을 벌어들입니다. 게다가 모든 투자자들이 손실을 입어도 예측 전문가들은 여전히 돈을 벌어들입니다.

수많은 사람들 그중에 단 하나의 영웅

셀 수 없을 정도로 많은 원숭이들이 타자기 앞에 앉아 제멋대로 타자기를 두들긴다고 가정해봅시다. 이렇게 많은 원숭이들이 타자기를 두들긴다면, 그중 한 마리는 어니스트 헤밍웨이Ernest Hemingway의《노인과 바다》나 박경리의《토지》를 찍어낼지도 모릅니다. 꼭 그런 유명한 작품이 아니더라도 그 원숭이들 중에 한 마리 정도는 우리가 탄식을 자아낼 정도의 멋진 작품을 찍어낼 것입니다.

그런 일은 절대로 일어날 수 없다고 생각한다면, 여러분의 상상력을 좀 더 확장해보세요. 지금 제가 말한 셀 수 없을 만큼의 원숭이들이란 여러분이 지금 생각하고 있는 원숭이들의 수에 100억을 거듭

제곱한 수이기 때문입니다. 어떤가요? 이제 원숭이들 중에 한 마리쯤은 대단한 작품을 찍어낼 것 같지 않나요?

만약 실제로 그런 일이 일어났다고 해도 여러분은 크게 놀라지 않을 겁니다. 왜냐하면 원숭이들의 숫자가 너무나도 많기 때문입니다. 오히려 그렇게나 많은 수의 원숭이에게서 그럴듯한 작품이 하나도 나오지 않는다면 그것에 더욱 놀랄 것입니다.

이처럼 가능성이 거의 없는 결과라 할지라도 그것이 엄청나게 많은 표본에서 얻어진 것이라면 사람들은 놀라지 않습니다. 하지만 만약 타자기를 친 원숭이의 숫자가 단 10마리였다면, 우리는《노인과 바다》를 찍어낸 원숭이에 크게 놀라는 것은 물론이고 주변 사람들에게 작가 원숭이에 대한 이야기를 입이 아플 정도로 하고 다닐 것입니다. 재테크 시장 역시 타자기를 두들겨댔던 원숭이들처럼 참여하는 사람의 숫자가 많아질수록 그중 한 사람이 우연히 탁월한 실적을 올려 재테크 시장의 영웅이 될 가능성도 높아집니다.

표본이 많다면 표본의 일부에게 자신을 탁월한 예측 전문가로 포장하는 것 역시 가능합니다. 어떤 펀드 매니저가 1월 초에 1만 명의 고객을 표본으로 삼아 절반인 5,000명에게는 주식 시장이 하락할 것이라 쓰고, 나머지 5,000명에게는 주식 시장이 상승할 것이라고 써 편지를 보냈다고 가정해봅시다. 만약 1월에 주식 시장이 하락으로 끝난다면, 그는 다시 주식 시장이 하락할 것이라고 편지를 보냈던 5,000

명의 사람들 중 절반인 2,500명의 사람에게 주식 시장이 하락할 것이라고 쓰고, 나머지 2,500명의 사람에게는 주식 시장이 상승할 것이라고 써서 편지를 보냅니다. 이걸 계속하다 보면 이 펀드 매니저는 6월이 끝나는 시점에 31명의 표본에게서 '예측의 천재'라는 별명을 얻을 수 있습니다.

활동하고 있는 예측 전문가나 재테크에 참여하는 사람이 많을수록 탁월한 예측 전문가와 재테크의 고수가 많아지고, 그중의 한두 사람은 예측의 천재, 또는 재테크 시장의 영웅이 될 수 있습니다. 이렇듯 사람들이 알고 있는 대부분의 놀라운 사건들이 참여한 원숭이의 수가 많아서 벌어지는 일인데도 사람들은 원숭이의 숫자를 세지 않습니다. 물론 재테크 시장에서 참여자의 수를 정확히 세는 일은 불가능합니다. 재테크 시장에서 실패한 사람들은 소리 없이 조용히 사라지기 때문입니다. 재테크 시장에 참여하려는 사람들은 생존자들만 보기 때문에 자신의 성공 가능성을 지나치게 과대평가하게 되고, 성공 가능성이 낮음에도 자신이 가진 시간과 정력의 많은 부분을 재테크에 쏟게 됩니다.

생각해봅시다. 텔레비전이나 책을 통해서 접하는 재테크 시장의 참여자는 모두 성공한 사람들뿐입니다. 그들은 직업을 갖지 않아도 됩니다. 돈이 돈을 벌어다 주기 때문입니다. 그들은 정원이 딸린 멋진 저택과 외제차를 소유하고 풍요로운 인생을 즐깁니다. 재테크에 모든 것을 걸고 결국에 실패하여 빈털터리가 되는 참여자는 텔레비전에 나오지 않습니다. 자신의 실패담을 책으로 쓰지 않습니다. 재테크 시장에는 오직 생존자만 눈에 띕니다.•

• 《노인과 바다》를 찍어냈던 작가 원숭이가 다시 타자기 앞에 앉았습니다. 작가 원숭이는 두 번째도 이 같은 멋진 작품을 찍어낼 수 있을까요? 다시 말해 작가 원숭이의 뛰어났던 과거 실적이 미래에도 그대로 나타날까요? 답은 '아니요'입니다. 많은 사람들이 과거에 뛰어난 실적을 올렸던 예측 전문가를 평가할 때 과거를 기준으로 앞으로도 뛰어난 실적을 올릴 가능성이 클 것이라고 생각합니다. 그들이 뛰어난 실적을 올리는 데는 특별한 이유가 있다고 생각하기 때문입니다. 하지만 사람들의 기대와는 달리 그들 대부분이 평범한 실적으로 돌아갑니다. 《노인과 바다》를 찍어냈던 작가 원숭이가 두 번째 작품을 찍어내는 데 실패하여 평범한 원숭이로 돌아가듯이 말이죠.

오늘도 먹이를 주겠지?

우리는 과거의 데이터에서 일반적인 결론을 이끌어내는 귀납적 추론에 익숙합니다. 어떤 사람이 아침에 사과가 땅에 떨어지는 것을 보고 '사과가 땅에 떨어지는구나!'라고 생각했다고 해봅시다. 얼마 후 그 사람이 점심을 먹다가 실수로 왼손에 든 포크를 바닥에 떨어뜨립니다. 그러고는 이렇게 생각합니다. '아, 사과도 땅에 떨어지고, 포크도 땅에 떨어지는구나. 모든 물체는 땅으로 떨어지는 것이 분명하다. 그렇다면 지금 오른손에 든 나이프를 놓쳐도 땅으로 떨어지겠구나!'

이것이 바로 귀납적 추론입니다. 일기예보에서 비가 올 확률 역시 귀납적 추론을 따릅니다. 흥미롭게도 많은 사람들이 매일 텔레비전의 일기예보를 시청하면서도 일기예보에서 말하는 비가 올 확률이 어떻게 해서 나온 수치인지를 잘 모릅니다. 비가 올 확률은 기온, 기압, 습도 등의 기상 조건이 지금과 똑같았던 과거의 데이터 중에서 1밀리미터 이상의 비가 내린 비율을 나타낸 것입니다. 예를 들어, 비가 올 확률이 60%라는 것은 지금과 똑같은 기상 조건이었을 때의 과거 데이터를 모아 보니 그중 60%에서 비가 내렸다는 것입니다. 요컨대 귀납이란 눈에 보이는 것이나 경험했던 과거로부터 눈에 보이지 않는 것, 경험하지 않은 미래를 추론하는 것입니다.

개에게 먹이를 주기 전에 항상 휘파람을 부는 주인이 있다고 해 봅시다. 틀림없이 개는 이렇게 생각할 것입니다. '999일 전에도 주인은 휘파람을 불고 나서 먹이를 주었다. 800일 전에도, 500일 전에도, 바로 어제도 주인은 먹이를 주기 전에 휘파람을 불었다. 그리고 지금 주인이 휘파람을 불었다. 따라서 주인은 나에게 먹이를 줄 것이다.' 귀납적 추론에 의한다면 잠시 후 개의 주인이 먹이를 들고 나타날 것이라는 개의 추론은 맞아야 합니다. 하지만 개가 경험했던 999일 동안의 사건이 모두 사실이라 하더라도, 아직 경험하지 않은 나머지의 사건들에서 개의 추론을 뒤엎을 사건이 일어날 가능성이 있기 때문에 개의 추론을 100% 확신할 수는 없습니다. 어쨌든 개는 1,000일째 되던 날이 복날이라는 사실을 아직 모르고 있으니까요. 안타깝게도 주인의 손에는 먹이가 들려 있지 않았습니다.

수많은 예측 전문가들, 특히 주식 시장의 예측 전문가들이 복날에 운명을 달리한 개의 생각과 비슷한 말을 하곤 합니다.

"지난 5년 동안 이 주식이 30% 이상 하락한 적은 없었습니다. 때문에 앞으로도 이 주식은 30% 이상 하락하지 않을 것입니다."

"과거 이런 형태를 보인 주가의 움직임은 모두 큰 상승으로 이어졌습니다. 따라서 곧 이 주식은 큰 폭으로 상승할 것입니다."

과연 이들의 말을 신뢰해야 할까요? 이와 같은 논리라면 이런 식으로도 말할 수 있지 않을까요?

"저는 아버지의 비밀을 알고 있습니다. 제가 37년 동안 약 4만 9,000회에 걸쳐 관찰한 결과에 따르면, 아버지는 단 한번도 죽지 않았습니다. 따라서 아버지는 불사신일 가능성이 높습니다."

미래의 주식 가격을 예측하는 기법은 크게 두 가지로 나뉩니다. 첫째는 기술적 분석, 둘째는 기본적 분석입니다. 기술적 분석은 차트를 분석하는 겁니다. 과거의 데이터를 보았을 때 지금과 같은 상황에서는 주가가 어떻게 움직였는지를 따져보고 미래를 예측하는 것입니다. 보통 주식 초보자들은 기술적 분석법을 씁니다. 이 분석법은 한계가 명확합니다. 과거에 그랬다고 해서 반드시 미래에도 그럴 거라는 보장이 없는 것입니다.

기술적 분석에서 쓴맛을 본 주식 초보자들은 기본적 분석으로 넘어갑니다. 기본적 분석은 재무제표 등을 바탕으로 기업 가치를 분석하는 것입니다. 그런데 생각해봅시다. 재무제표 등을 분석하는 능력이 곧 주식 투자의 성공 능력과 같다면, 세계에서 주식 투자를 가장 잘하는 사람은 회계사여야 합니다. 하지만 회계사가 주식 투자를 세계에서 가장 잘하지는 않죠. 그렇습니다. 재무제표를 아무리 잘 본다고 해서 주식 투자를 잘하지는 않습니다.

그럼 주식 투자 고수는 어떻게 탄생하는 걸까요? 그건 확률과 운의 문제입니다. 앞에서 다룬 타자기 치는 원숭이 이야기를 떠올려 보세요. 이렇게나 많은 수의 주식 투자자가 있는데, 그중에서 주식 투자에 성공한 사람이 몇 명 나오지 않는다면 그것이 더욱 이상한 일 아닐까요?

발생 가능성보다 중요한 결과의 규모

앞서 예로 든 복날의 개를 안쓰럽게 생각한 누군가가 개에게 오늘은 주인이 휘파람을 불어도 먹이를 들고 오지 않을 수 있다고 귀띔해주었다고 가정해봅시다. 아마도 개는 이렇게 생각할 겁니다. '999일 동안 주인이 휘파람을 불고 먹이를 주었다고 오늘도 휘파람을 불고 먹이를 준다고 100% 확신할 수는 없다. 하지만 지난 999일 동안 주인은 하루도 빠지지 않고 휘파람을 불고 먹이를 주었다. 때문에 지금 휘파람을 분 주인이 나에게 먹이를 줄 가능성은 매우 높다. 반면에 주인이 먹이를 주지 않을 가능성은 매우 희박하다.'

애석하게도 복날의 개는 아직 경험한 적이 없는 매우 희박한 가능성에 의해 운명을 달리했습니다. 여기서 중요한 것은 발생의 가능성이 아니라 결과의 규모입니다. 발생의 가능성은 결과의 규모와 연계했을 경우에만 판단에 도움을 줄 수 있습니다. 그 자체로는 전혀 의미가 없는 것입니다.

복날에 주인이 먹이를 줄 가능성이 아무리 높다고 해도 목숨을 잃을 가능성이 희박하게라도 있다면 먹이를 기다리지 말고 집을 박차고 나왔어야 합니다. 먹이와 목숨은 견줄 수 없는 결과를 가져오기 때문입니다.

복날의 개가 안쓰러워 귀띔을 해주었던 사람은 오늘 주인이 휘파람을 불어도 먹이를 들고 나타나지 않을 수도 있다는 말 외에 1,000일째 되는 날, 즉 복날이 개들에게 어떤 의미가 있는 날인지를 함께 말해줬어야 합니다.

주식 시장의 어느 예측 전문가가 다음과 같은 말을 했다고 해봅시다. "지금 이 종목의 주식을 매입한다면 매우 높은 가능성, 적어도 90% 이상의 가능성으로 수익을 얻게 될 겁니다. 반면에 손해를 볼 가능성은 10% 이하로 매우 희박합니다." 예측 전문가가 이렇게 말하는 것은 사람들이 투자를 결정하는 판단을 내리는 데 아무런 도움이 되지 않습니다. 규모에 대한 언급이 빠졌기 때문입니다.

예를 들어, 해당 종목의 주식을 매입한 후 90% 이상의 높은 가능성으로 1% 규모의 수익을 얻고, 10% 이하의 매우 희박한 가능성으로 원금을 모두 날려버릴 규모의 손실을 입는다면 아무도 그 주식을 매입하려 들지 않을 것입니다. 하지만 실제로는 재테크 시장의 많은 예측 전문가들이 그렇게 말하고 있습니다. 다음은 한 신문에 실린 어느 애널리스트의 인터뷰 중 일부입니다.

> "경기가 불안할 때 떠오르는 것은 금이다. 물가가 상승하든 하락하든 금은 모든 리스크를 줄여줄 수 있는 거의 유일한 자산이다. 문제는 이미 많이 올랐다는 것이다. 최근 며칠 새 조정을 두고도 금값이 하락세로 접어들어서인지, 단순한 기간 조정인지 판단이 제각각이다. 2, 3년 전에도 이미 많이 올랐다고들 했지만 금값은 그 뒤로도 쉼 없이 올랐다. 미국의 제로금리 정책은 향후 2년간 보장되어 있으니 달러 가치가 오르기도 어렵다. 따라서 금값은 앞으로도 오를 가능성이 더 크다."

밑줄 그은 부분에 주목해봅시다. 이 예측에는 두 가지 맹점이 있습니다. 첫째, 과거를 기준으로 미래를 재단했습니다. 둘째, 발생할 사건의 규모에 대한 언급이 없습니다. 어째서 이런 기사들이 하루에도 수십 건씩 쏟아져 나오는 걸까요? 애석하게도 다른 유명 예측 전문가들의 주장도 이것과 크게 다르지 않습니다.

'설마의 날'은 언제든 온다

어떤 사건에 대한 확률을 대할 때에는 그 확률과 함께 결과의 규모 역시 고려해야 한다는 건 예로부터 통용되어 온 일종의 삶의 지혜입니다. 《이솝 우화》에 나오는 '늙은 사자와 현명한 여우 이야기'를 살펴봅시다.

늙은 사자가 한 마리 있었습니다. 어째 사냥을 하기가 점점 힘에 부치는 사자였습니다. 어느 날 한 가지 꾀를 냈습니다. '그래! 아프다고 거짓 소문을 내서 병문안 온 동물들을 잡아먹자!' 사자가 아프다는 소문이 순식간에 온 숲으로 퍼졌습니다. 토끼, 사슴, 너구리 등 여러 동물들이 앞다투어 병문안을 왔습니다. 그렇게 모두 사자의 일용할 양식이 되었습니다. 하루는 여우가 병문안을 왔습니다. 그런데 어라? 굴로는 들어오지 않고 밖에서만 안부를 묻는 것이 아니겠습니까? 사자가 물었습니다. "여우야, 너는 왜 굴 안으로는 들어오지 않는 거니?" 그러자 여우가 답했습니다. "굴 안으로 들어간 동물들의 발자국은 보이는데, 나온 발자국은 보이지가 않아서요."

이야기 속 여우는 굴 앞에서 다음 두 가지 가능성과 마주했습니다.

첫째, 굴 안에서 나온 동물들의 발자국이 없는 것을 보니 병문안을 온 동물들 모두 사자에게 잡아먹혔다.

둘째, 굴 안에서 나온 동물들의 발자국이 없는 것을 보니 굴에 출구가 따로 있거나 병문안을 온 동물들 모두 아직 안에 머물고 있다.

첫째의 가능성은 죽음을, 둘째의 가능성은 삶을 의미합니다. 여우는 굴 앞에서 고민했습니다. 햄릿처럼 말이죠. '죽느냐 사느냐, 그것이 문제로다!' 결국 여우는 첫째의 가능성에 더 무게를 두었고, 삶을 이어나갈 수 있었습니다.

이 이야기에 담긴 교훈은 명확합니다. 목숨이 날아갈 수도 있을 만큼의 중대한 사항이 불확실의 상태에 놓여 있을 경우에는 반드시 그 가능성을 최악으로 상정해야 한다. 실제로 이 교훈은 많은 경우에 있어서 유용합니다.

공사장을 떠올려봅시다. 아무래도 인부들이 높은 곳에서 일하다가 발을 헛디뎌 추락할 가능성보다는 그렇지 않을 가능성이 더 높습니다. 그렇지만 공사장 책임자는 인부가 언제든지 추락할 수 있다는 가정하에 각종 안전 장치를 설치해야만 합니다. 그렇지 않으면 어떤 인부가 발을 헛디뎌 추락했을 때 최악의 경우 죽음이라는 끔찍한 일이 발생할 것이 불 보듯 뻔하기 때문입니다 인부들도 같은 생각으로 안전 장치를 착용해야 할 것입니다.

이제 이런 사고방식을 우리가 흔하게 접하는 재테크 시장에 대입해봅시다. 주식 투자를 예로 들어 봅시다. 분명 오늘 내가 산 주식의 값이 며칠 내로 폭락할 가능성보다는 그렇지 않을 가능성이 더 높습니다. 하지만 그렇다고 해서 해당 주식의 값이 곧 폭락할 가능성이 아예 없는 것은 아닙니다. 따라서 우리는 급작스럽게 닥칠지도 모를 주가 폭락을 대비한 채로 주식 투자에 임해야만 합니다.

물론 이는 상식입니다. 따라서 누군가는 지금 제 이야기를 고리타분하게 느낄 수도 있습니다 오토바이를 탈 때에는 헬멧을 반드시 써야 한다는 말과 같죠. 하지만 이것은 말 그대로 상식이므로, 우리는 이처럼 행동하지 않는 이를 '몰상식한 사람'으로 규정할 수도 있습니다.

몰상식한 투자의 대표적인 예가 바로 무리한 '빚투 빚내서 하는 투자'입니다. 빚투는 '5%의 이자를 내고 10%의 수익을 얻으면 5%가 남는다'는 식의 발상에 기초한 투자 기법입니다. 다른 말로는 '레버리지 투자'라고 합니다. 말은 멋있지만 결국 본질은 빚을 내서 하는 투자입니다.

투자자가 부담해야 할 이자는 확실의 영역에 정박해 있지만, 그가 낼 수익은 불확실성 속에서 요동칩니다. 만약 투자자가 5%의 이자로 돈을 빌렸다면, 추후 주가가 전혀 변하지 않는다고 해도 그는 5%의 손해를 입게 됩니다. 실로 위험천만한 투자 기법이 아닐 수 없습니다. 그럼에도 주가 폭락 시에 결코 감당할 수 없는 수준의 빚을 내어 주식 투자에 임하는 이가 상당합니다. 요즘 우리는 그들을 일컬어 '빚투 영끌족영혼까지 끌어모아 주식 투자에 임하는 사람'이라고 부릅니다.

'빚투 영끌족'이 탄생하는 이유는 다양합니다. "난 무엇이든지 잘해! 그러니 주식 투자도 잘할 거야"라며 자기 과신에 빠진 탓도 있고 197쪽 참조, 초심자의 행운을 맛보아서 이기도 하며208쪽 참조, 재테크 시장의 이야기꾼들이 "당신은 할 수 있다"라며 그렇지 않아도 활활 불타고 있는 자기 과신에 기름을 붓기 때문이기도 합니다211쪽 참조. 이것들에 대해서는 뒤에서 따로 살피도록 합니다. 지금 여기서 다루고자 하는 건 단지 상식입니다. 대박을 노리고 빚을 영혼까지 끌어모아 산 주식의 값이 폭락하면 결국에 쪽박을 찰 뿐입니다. 그 가능성은 0%가 아닙니다.

무리한 빚투는 이를 무시하고 '설마 내가 쪽박을 차겠어?'라는 안일한 생각몰상식한 생각으로 한껏 빚을 내어 하는 주식 투자입니다 이는 '설마 내가 사고가 나겠어?'라는 생각으로 헬멧을 쓰지 않고 오토바이를 타는 것과 같습니다. 무리한 빚투에 임하는 이들을 쪽박으로 안내하는 '설마'라는 녀석은 언제나 불현듯이 다가옵니다. 그건 1년 이상 우리를 괴롭히고 있는 코로나19 사태처럼, 감히 예측할 수 있는 성질의 것이 아닙니다. 수많은 빚투 영끌족을 쪽박 차게 만들었던 2007년 미국 서브프라임 모기지 사태와 그로 인한 2008년 세계 금융위기도 그러했습니다. 그 때의 분위기를 살펴봅시다. 다음은 2008년 10월 27일자 〈문화일보〉 기사입니다.

폭락장 투자자 자살 광주·부산서 잇따라

글로벌 금융위기로 증권시장이 공황상태에 빠진 가운데 대출을 받아 주식에 투자한 개인들이 스스로 목숨을 끊거나 자살을 기도하는 사례가 잇따르고 있다.

지난 25일 오후 광주시 북구 용봉동 모 아파트 황 씨47 집 화장실에서 황 씨가 목을 매 숨져 있는 것을 부인46이 발견, 경찰에 신고했다. 황 씨는 종신보험과 아파트를 담보로 대출을 받아 3억 7,000만 원가량을 주식에 투자했다가 최근 주가 폭락으로 60~70%가량 손해를 보자 사흘 동안 식사를 거르고 폭음을 한 것으로 알려졌다.

> 또 부산에서는 60대 부부가 주가 폭락을 비관해 동반 자살을 시도하다 경찰에 구조됐다. 25일 오후 부산 서구 엄광산 등산로 인근에 주차 중이던 김 씨66의 승용차 안에서 김 씨 부부가 스스로 목숨을 끊으려는 것을 경찰이 발견, 가족에 인계했다.

당시에는 이런 기사가 흔했습니다. 세월은 순환합니다. 우리에게 내일 '설마의 날'이 오지 말라는 법은 없습니다. 그러니 우리 앞으로 이렇게 해보는 건 어떨까요? 대박 나는 꿈을 10분 꾼 후에는 반대로 쪽박 찰 가능성도 10분 따져보는 겁니다.

나비 효과가 나타나기엔 너무 복잡한 세상

미국 매사추세츠 공과대학의 기상학자인 에드워드 노턴 로렌츠 Edward Norton Lorenz는 기상 현상에 일정한 법칙이 있을 것이라고 생각했습니다.

1961년 겨울, 그는 기상 데이터의 일정한 법칙을 찾기 위해 자신이 출력해두었던 기상 데이터들을 그대로 컴퓨터에 입력했습니다. 그리고 그의 컴퓨터가 계산을 수행하는 동안 컴퓨터 소음에서 벗어나기 위해 잠시 커피를 마시고 돌아왔습니다. 그러고는 이전 기상 데이터와 새로운 기상 데이터의 결과를 검토하던 중 새로 계산된 기상 데이터의 결과가 예전에 자신이 출력해두었던 기상 데이터와 점점 어긋

나는 것을 발견했습니다.

처음에는 예전에 출력해둔 기상 데이터와 새로 계산된 기상 데이터가 같은 모습의 파동을 그리고 있었지만, 뒤로 갈수록 유사성이 없어지더니 결국에는 모든 유사성이 사라진 완전히 새로운 결과의 기상 데이터가 나왔던 것입니다.

새로 계산된 기상 데이터 결과는 예전에 출력해두었던 기상 데이터 결과와 일치해야 했기 때문에 그는 컴퓨터가 고장났다고 생각했습니다. 출력한 기상 데이터 수치를 그대로 컴퓨터에 입력했고, 프로그램에 이상이 생긴 것도 아니었기에 그는 더욱 의아했습니다.

하지만 곧바로 문제의 원인을 찾아냈습니다. 컴퓨터에는 문제가 없었으며, 원인은 그가 입력했던 숫자에 있었던 것입니다. 그는 기존의 기상 데이터를 출력할 때 인쇄물의 양을 줄이기 위해 소수점 이하 여섯 자리, 즉 0.123456 중 반올림한 소수점 이하 세 자리인 0.123만을 출력했고, 컴퓨터에 이를 그대로 옮겨 입력했던 것입니다.

그는 1,000분의 1 정도의 오차는 의미가 없다고 생각하여 반올림한 소수점 이하 세 자리의 숫자를 사용했고, 이런 그의 행동은 분명 합리적이었습니다. 그가 반올림한 소수점 이하 세 자리의 숫자들은 데이터에서 아주 작은 부분을 차지하는 숫자, 즉 현실에서 나비의 날갯짓과도 같은 미풍에 불과한 것이었기 때문입니다. 하지만 의미없다고 생각한 나비의 날갯짓 같은 작은 오차가 기존의 기상 데이터와는 전혀 다른 새로운 기상 데이터를 만들어냈던 것입니다. 그리고 바로 그날, 에드워드 노턴 로렌츠는 장기 기상 예측이 불가능하다고 단정했습니다.

이러한 현상은 고속도로의 차량 정체에서도 나타납니다. 라디오에서는 고속도로의 사고 소식도 들리지 않고, 신호등도 없는데 어찌 된 일인지 고속도로는 늘 차량으로 가득합니다. 이는 앞서가는 차량이 속도위반 카메라를 의식한다거나 휴게소에 진입하기 위해서 속도를 줄이기 때문에 일어나는 현상입니다.

앞선 차량이 속도를 줄이면 뒤따라오는 차량도 덩달아 속도를 줄이게 되고, 그 뒤에 있는 차량도 속도를 줄이면서 모두 조금씩 속도를 줄이게 됩니다. 이 모든 것들이 누적되어 수십 킬로미터 뒤에서는 극심한 교통 정체가 발생하는 것입니다. 앞서가는 차량은 단지 속도위반 카메라를 의식해서 속도를 아주 조금 줄였을 뿐인데 말이죠.

1963년에 에드워드 노턴 로렌츠는 "갈매기의 날갯짓 한 번으로도 날씨의 변화를 일으키기에 충분하다"는 내용을 주제로 〈결정론적 비주기 흐름〉이라는 제목의 논문을 발표했습니다. 훗날 '갈매기'라는 표현이 '나비'로 바뀌면서 중국 베이징에 있는 나비의 날갯짓이 한 달 후 미국 뉴욕에 태풍을 일으킬 수도 있다는 '나비 효과'라는 용어로 널리 알려지게 되었습니다.

물론 데이터상의 작은 오차나 영향을 미치지 않을 것 같은 사소한 사건들이 반드시 대형 사건을 만들어내는 것은 아닙니다. 이들 사건이 서로 상호 작용을 하는 과정에서 대형 사건이 될 수도 있고, 어떤 사건이 다른 여러 사건들에 묻혀 완화될 수도 있습니다.

가령 누군가가 공연장에서 휘파람을 분다고 생각해봅시다. 콘서트가 시작되기 전 아무도 없는 공연장이라면 휘파람 소리가 또렷이 들릴 것입니다. 하지만 콘서트가 시작되어 사람들이 가득 들어찬 상태에서는 휘파람 소리가 사람들의 함성소리와 음악에 묻혀 전혀 들리지 않을 것입니다.

고속도로 정체 역시 앞선 차가 속도를 조금 줄인다고 해서 수십 킬로미터 뒤에서 극심한 교통 정체가 반드시 일어난다고 할 수는 없습니다. 앞선 차가 속도를 줄였다고 하더라도 그것이 너무나 미미하여 뒤의 차량이 속도를 줄이지 않아도 되는 경우라면, 혹은 뒤따르는 차량이 안전거리를 많이 확보해두어서 속도를 줄이지 않아도 되는 경우라면, 차선을 바꾸는 경우 등의 다른 행동들이 정체가 생기는 누적 현상을 완화시킬 수도 있기 때문입니다.

다시 말해 에드워드 노턴 로렌츠의 나비가 중국 베이징에서 힘차게 날갯짓을 한다고 해도 현실에서는 다른 현상들에 묻혀 사그라져 버리기 때문에 미국 뉴욕에 태풍을 일으킬 수는 없는 것입니다.

복잡성이 만든 가짜 전문가들

과거의 지식인들은 세상을 자연의 물리적 법칙에 의해 지배되는 매우 질서정연한 곳이라고 생각했습니다. 그래서 날씨나 주식 시장의 변동을 정확하게 예측하는 것은 말할 것도 없고, 가을철 나무에서 떨어지는 낙엽 하나하나까지 어디에 떨어질지 정확하게 예측할 수 있다고 믿었습니다. 방정식이 모든 물체의 운동을 결정한다고 여겼기 때문입니다.

자연의 신비로 여겼던 수많은 현상들을 땅에 떨어지는 사과에서 영감을 얻어 뉴턴이 발견한 만유인력의 법칙을 이용해 하나둘씩 설명할 수 있게 되면서부터 이런 생각은 더욱 견고해졌습니다.

영국의 천문학자 에드먼드 핼리Edmund Halley는 뉴턴의 법칙을 이용해 혜성의 궤도를 계산하던 중 네 개의 혜성이 1476년, 1531년, 1607년, 1682년에 나타난 기록을 확인하고, 이 네 개의 혜성이 사실은 하나의 혜성이라고 주장했습니다. 그는 1758년 말에서 1759년 초에 혜성이 다시 나타날 것이라 예측했고, 실제로 1758년 크리스마스에 관측되었습니다.

이 외에도 뉴턴의 법칙을 이용해 지구에서는 달의 한 면만 보이는 현상을 설명할 수 있게 되었고, 조수간만의 차 역시 달의 인력에 의해 생기게 된다는 것을 설명해냈습니다. 자연의 신비를 설명할 수 있게 되면서부터 점차 사람들은 세상에 우연은 존재하지 않는다고 생각하게 되었습니다. 또한 충분한 자료만 있다면 자연에 존재하는 모든 것들을 방정식으로 풀어내 정확하게 미래를 예측할 수 있을 거라고 믿게 되었습니다.

하지만 프랑스의 수학자 앙리 푸앵카레Henri Poincaré에 의해 뉴턴의 법칙으로는 운동체가 두 개인 경우에만 설명이 가능할 뿐, 운동체가 세 개 이상이 되었을 때는 서로 작용하는 인력의 관계가 걷잡을 수 없이 복잡하기 때문에 계산이 불가능하다는 것이 밝혀졌습니다. 또한 20세기에 들어서는 불확실성과 복잡성複雜性, complexity에 대한 연구가 활발해짐에 따라 세상의 모든 것을 방정식으로 예측할 수 있을 것이라는 사람들의 믿음은 사라지게 되었습니다.

날씨가 맑은 날 운동장에서 학생들이 야구 시합을 하고 있다고 생각해봅시다. 외야수는 타자가 친 공이 어디로 날아가 떨어질 것인지를 알 수 있을 것입니다. 야구공의 궤적이 단순해서 쉽게 예측할 수 있기 때문입니다. 하지만 타자가 야구공을 치는 순간 맑았던 날씨가 갑자기 돌변해서 우박이 쏟아진다면 상황은 달라집니다. 우박이 야구공의 움직임을 방해해서 어느 곳으로 떨어질지 예측할 수 없을 것입니다. 우박을 무작위로 맞은 공의 움직임은 보통의 타자가 친 공이 날아가서 떨어지는 움직임과는 비교할 수 없을 정도의 복잡성을 갖고 있기 때문입니다.

과거의 지식인들은 맑은 날에 야구 경기를 하는 외야수가 공이 떨어지는 지점을 예측하듯이 세상을 예측할 수 있다고 생각했던 것입니다. 하지만 사람들이 사는 실제 세상은 우박이 내리는 날에 야구공이 떨어지는 지점을 예측하는 것처럼 매우 복잡합니다.

복잡성을 설명하기 위해 제 친구가 결혼하게 된 이야기를 소개합니다. 대학 시절의 친구는 일본 요리를 공부하고 있었습니다. 그런데 대학을 졸업하던 해에 그 친구의 누나가 결혼을 하게 되었습니다. 그 친구의 매형은 유학 비용의 일부를 부담해줄 테니 일본으로 유학을 다녀오라는 제안을 합니다. 친구는 고민 끝에 일본으로 떠났습니다.

일본에서의 생활이 어느 정도 익숙해질 무렵 친구는 부족한 생활비를 충당하기 위해 학교 수업을 마치고, 한국 식당에서 아르바이트를 시작했습니다. 친구가 아르바이트를 하던 시기는 우리나라 남성 그룹 가수가 일본에 진출해서 폭발적인 인기를 누릴 때였습니다. 그리고 그 남성 그룹 가수의 팬이 되어 한국 문화에 관심을 가지게 된 일본인 미용사가 한국 음식을 맛보기 위해 친구가 아르바이트하고 있는 한국 식당을 방문했습니다.

그렇게 해서 만나게 된 두 사람은 1년의 연애 기간을 거쳐 결혼하게 됩니다. 만약 친구의 결혼이라는 하나의 사건을 만들어내기 위해 필요했던 사건들, 즉 친구의 누나가 지금의 매형과 결혼한 사건, 생활비가 부족한 친구가 한국 식당에서 아르바이트를 한 사건, 한국의 남성 그룹 가수가 일본에 진출한 사건 등이 일어나지 않았더라면 친구는 지금과는 전혀 다른 삶을 살고 있었을 것입니다.

이처럼 우리가 살아가는 세상은 각자의 개별적인 사건들이 서로 수많은 상호작용을 하여 새로운 사건을 만들고, 이렇게 해서 만들어진 새로운 사건은 또다시 다른 사람, 동물, 날씨, 물건 등 온갖 것들과의 상호작용을 통해 또 다른 새로운 사건들을 만들어냅니다. 바로 이러한 복잡성이 미래를 예측할 수 있다고 자신했던 수많은 예측 전문가들을 엉터리 전문가로 만든 것입니다우리는 불과 몇 년 전만 해도 코로나19로 세상이 이렇게 변할 거라고 예측하지 못했습니다.

친구의 결혼이라는 하나의 사건을 만드는 데는 셀 수 없을 만큼 많은 개별적인 사건이 필요했습니다. 그중에는 친구의 일본 유학이나 한국 식당에서의 아르바이트 같은 중요한 사건을 비롯해서 친구가 했던 말, 지금은 친구의 아내인 일본인 미용사의 행동 하나하나처럼 친구의 결혼이라는 사건에 큰 영향을 미치지 않을 것 같은 사소한 사건도 있습니다. 이 모두를 완벽하게 고려해서 미래를 예측할 수는 없는 노릇입니다. 또한 만약 이들 사건 사이에 조금이라도 오차가 발생한다면, 또는 친구의 결혼이라는 사건을 만드는 데 영향을 미치지 않을 것 같은 사소한 사건을 제외한 중요한 사건들만 고려해서 미래를 예측한다면, 그것은 틀림없이 결함이 있는 예측이 되고 말 것입니다. 데이터의 작은 오차나 영향을 미치지 않을 것이라고 생각해서 제외한 사소한 사건이 다른 사건들과의 상호작용을 거쳐 더 큰 혹은 완전히 다른 사건을 일으킬 수도 있기 때문입니다.•

앞선 설명과는 별개로 사실 재테크 시장에서 예측 전문가로 행세하는 것은 매우 편합니다. 재테크 시장의 예측에서 경우의 수가 다음 세 가지밖에 없기 때문입니다.

첫째, 오른다.

• 이런 복잡계의 속성을 탁월하게 풀어낸 영화가 〈나비 효과〉입니다. 주인공 에반이 현재를 수정하기 위해서 일기장에 쓰인 특정 과거로 계속해서 돌아가지만, 현재로 돌아왔을 땐 어째 일이 자꾸만 악화일로를 걷고 있습니다. 과거로 돌아가 바꾼 하나의 작은 사건이, 다른 수많은 사건과 활발하게 상호작용을 일으켜 현재를 예상치 못한 방향으로 바꿔놓은 것입니다.

둘째, 떨어진다.

셋째, 오늘과 비슷하다.

물론 '오늘과 비슷하다'는 예측의 확률이 가장 높습니다. 다음의 제 예측을 보세요. "내일 여러분의 건강 상태는 오늘과 비슷할 것입니다." 건강 상태도 그렇지만, 재테크 시장도 오늘과 비슷하지 않은 날은 그리 많지 않습니다. 그래서 재테크 시장의 예측 전문가들은 9시 뉴스의 기상 캐스터처럼 "당분간은 오늘과 비슷하겠습니다"와 같은 식의 표현을 즐겨 사용합니다.

이렇듯 재테크 시장에서 예측은 경우의 수가 세 가지밖에 없습니다. 그에 반해서 그 결과를 가져오는 원인은 수십, 수백 가지가 됩니다. 즉 결과만 맞으면 원인이 무엇이 됐든 아주 딱 맞는 훌륭한 예측이 되는 겁니다. 그래서 재테크 시장에서는 자신을 예측 전문가라고 주장하는 사람들로 넘쳐납니다. 재테크 시장에서의 예측은 세 가지 답 중에서 하나를 고르는 누구나 도전해볼 만한 문제인 것입니다. 정답의 해설은 어떤 것을 가져다 붙여도 맞는 것으로 처리됩니다 물론 너무 엉뚱한 것은 안 됩니다. 게다가 재테크 시장의 예측 시험에서는 '원인'으로 가장 최근의 뉴스를 말한다는 요령까지 전해져 내려옵니다. 그 요령을 따르는 모범 답안을 살펴봅시다.

"매매가 대비 전세가 비율이 많이 높아진 상태이기 때문에 집값이 상승할 것입니다."

"기준 금리의 인상으로 시중의 유동성이 줄어 주식 시장은 하락할 것입니다."

재테크 시장의 예측과 세 가지 경우의 수만 알고 있다면 우리도 예측 전문가 행세를 할 수 있습니다.

또 다른 이름, 선동

이번에는 야구 경기에서 타자가 친 공이 담장을 넘어가 길을 걷고 있던 사람의 엉덩이에 맞았다고 가정해봅시다. 제아무리 뛰어난 예측 전문가라도 길을 걷다가 야구공에 맞은 사람의 충동적 움직임까지 정확히 예측할 수는 없을 것입니다.

사람과 같은 생명체는 복잡성의 극치이기 때문에 공에 맞은 것이 사람이 아닌 개라고 바꿔 생각해봐도 움직임을 예측할 수 없는 것은 마찬가지입니다. 때문에 복잡성의 극치인 사람이 만들어가는 주식 시장이나 부동산 시장 등의 재테크 시장을 비롯한 경제 역시 하나의 생명체와 같아서 예측이 불가능합니다.

하지만 최근까지의 주류 경제학자들은 복잡성을 무시한 채 사람을 완전한 합리성을 지닌 이기적 존재로 가정하고 미래 경제를 예측해왔습니다. 그 결과 1987년 미국의 주가 대폭락과 2007년의 서브프라임 모기지 사태 같은 굵직한 사건들을 비롯해서 경제의 중요 전환점들을 예측하는 데 실패를 거듭해왔습니다. 만약 주류 경제학자들이 주장한 대로 사람이 완전히 합리적 존재라면 가위바위보 게임은 있을 수 없습니다.

예를 들어 A와 B가 가위바위보 게임을 한다고 생각해봅시다. A가 가위를 낼 것을 B가 알고 주먹을 내려고 합니다. 하지만 A가 B의 속셈을 눈치채고 다시 보를 내려 하지만, B가 다시 이를 눈치채고 가위를 내려고 합니다. 사람이 완전히 합리적인 존재라면 이처럼 마음속으로만 수읽기를 계속해서 되풀이하다가 결국 죽을 때까지 실제로 가위, 바위, 보 게임은 못 하고 되뇌기만 할 겁니다.

하지만 현실에서의 사람은 언제든지 가위바위보 게임을 통해 승부를 가릴 수 있습니다. 또한 그들의 주장대로 사람들이 물건을 살 때 올바른 정보를 바탕으로 합리적인 선택을 하도록 되어 있다면, 한 달 전 백화점에서 구입한 서류 가방의 카드 명세서를 받아보고 뒤늦게 후회하는 저 같은 사람도 없어야 할 것입니다.

완전히 합리적 인간은 세상에 존재하지 않습니다. 단지 적당히 합리적일 뿐입니다. 주류 경제학자들이 말하는 사람과 실제 사람 간에는 엄청난 괴리가 존재합니다.

그러니 사람의 행동을 정확히 예측하는 것도 불가능합니다. 심지어 그것이 자신의 행동이라도 그렇습니다. 자신의 행동을 예측하기 위해서는 스스로 자신의 생각을 추월해야 하는데, 그것은 불가능한 일이죠. 그래서 사람은 잠시 후 자신의 기분이 어떻게 변할지, 어떤 상태가 될지도 예측할 수 없는 것입니다.

이 밖에도 자신의 예측에 자신이 관여하게 되면 예측은 불가능해집니다. 예를 들어, 어떤 신입사원이 회사에 적응하지 못해서 3개월 후에 퇴사하게 될 것으로 예측했다고 해봅시다. 하지만 그는 곧 이렇게 생각할 것입니다. '3개월 후에 퇴사하느니 지금 퇴사하는 게 낫지 않을까?' 하지만 이런 생각에 따라서 행동한다면, 자신의 예측은 틀린 것이 되고 맙니다. 그것도 역설적으로 자신의 예측 때문에 말이죠. 이처럼 자신이 예측에 관여하면 자신이 원하든 원치 않든 그 예측에 영향을 미치게 됩니다.

주식 시장의 예측 전문가들 역시 자신의 예측에 관여합니다. 예를 들어, 한 예측 전문가가 A사의 주식이 곧 상승할 것이라는 예측을 했다고 가정해봅시다. 이 예측을 전해 들은 사람들이 앞서 말했던 장 앙리 파브르의 송충이들처럼 줄지어 A사의 주식을 매입하면, 실제로 A사의 주식은 상승하게 됩니다.

그가 자신의 예측에 관여해서 예측을 실현시킨 것입니다. 이런 것은 예측이 아닙니다. 가끔 주식 시장의 예측 전문가들이 일반인들에 비해 그나마 조금이라도 더 나은 정말! 아주 조금! 예측 적중률을 보일 수 있었던 비밀이 바로 여기에 있습니다. 사실 그들의 예측은 예측이 아니라 선동인 것입니다.•

• 재테크 시장에서 선동이 어떻게 이뤄지는지 알 수 있는 대표적인 사건의 기사 일부 내용입니다. "이른바 청담동 주식 부자 이 씨는 2016년 7월에 검찰 수사를 받으면서 세상을 떠들썩하게 했다. 그는 허위 정보를 퍼뜨려 자신이 미리 헐값에 사둔 비상장 주식 시세를 올린 뒤 비싸게 되파는 등의 방법으로 부당 이득을 챙긴 것으로 드러났다. … 수사는 이 씨의 말을 듣고 투자했다가 손해를 본 투자자 40여 명이 그를 금융감독원에 고소·고발해 이루어졌다. 이후 구속기소된 이 씨는 1심에서 징역 5년, 벌금 200억 원, 추징금 130억 원을 선고받고 현재 복역 중이다." _ 부모 피살 '청담동 주식 부자 이 씨는 누구?, 한겨레, 2019년 3월 18일

실패를 합리화하는 방법

예측 전문가들이 미래를 예측하는 데 실패를 거듭하고 있다는 것은 명백한 사실입니다. 과거의 실적을 돌아본다면 예측에 성공한 횟수보다 실패한 횟수가 압도적으로 많을 텐데도 그들은 아직까지 자신들이 미래를 예측할 수 있다고 굳게 믿고 있습니다. 예측 전문가들이 이러한 믿음을 계속해서 유지할 수 있는 이유는 그들이 미래를 예측하는 능력보다 자신들의 믿음을 방어하는 능력이 훨씬 뛰어나기 때문입니다.

예측 전문가들은 자신의 믿음을 지키기 위해 그럴듯한 이유를 이리저리 갖다 붙여서 실패한 예측을 합리화합니다. 운이 좋아서 예측이 맞아 떨어지면 자신의 예측 능력 덕분이고, 예측이 틀리면 어쩔 수 없는 외부의 불가피한 힘 때문이었다고 이런저런 변명을 늘어놓는 것입니다.

여기서 한발 더 나아가 사실은 자신이 그 사건을 예측했었다고 생각하며 자신을 기만하기까지 합니다. 미래의 사건은 복잡성에 의한 불확실성이 가득하지만, 그 미래가 현재가 되어 불확실성이 사라지고 나면 이미 오래 전부터 사건이 일어날 것을 알고 있었던 것처럼 착각하게 되는 것입니다.

개별적인 사건들이 복잡성에 의해 서로 상호작용을 일으켜 실제로 하나의 사건이 되기 전에는 어떤 사건이 발생할 것인지를 예측할 수 없습니다. 하지만 막상 사건이 발생하면 어떤 개별적인 사건들이 서로 영향을 주고받아서 새로운 사건이 발생했는지를 알 수 있는 것입니다. 일단 사건이 발생하고 나서 그것을 뒤돌아보면 사건을 만들어낸 개별적 사건들 간의 인과관계가 보입니다.

이와 같이 사건의 인과관계를 확인하면 사건이 일어나기 전에 엄연히 존재했던 불확실성들은 잊어버리고, 사건이 발생하고 나서 얻게 된 정보들을 토대로 과거의 기억을 재구성하는 것입니다. 일단 사건이 발생하면 예측 전문가들은 이렇게 주장합니다. "사건은 이미 예견되어 있었던 것이며 필연적으로 일어날 수밖에 없었던 사건, 즉 삼척동자도 예측할 수 있었던 빤한 사건이었다"라고요. 하지만 그들은 새로운 사건이 발생하기 전에 일어난 사건들에 대해서는 어떠한 언급이나 행동도 하지 않습니다. 사실은 새로운 사건의 발생을 예측할 수 없었던 것입니다. 예측 전문가들이 하는 일이라고는 어디에나 갖다 붙이면 말이 되는 두루뭉술한 내용의 예측을 매년 수백 가지씩 쏟아내는 것입니다.

이러한 현상은 어떤 사건이라도 설명하고 싶어 하는 인간의 특징에서 기인합니다. 인간은 어떠한 사건이 발생해도 그것을 설명할 수 있다고 믿고, 무엇이든지 설명하려고 합니다. 사실 자기 주변에서 일어나는 사건을 딱 부러지게 설명할 수 없는 것처럼 인간을 무기력하게 만드는 일도 없습니다.

산모가 태아의 성별을 모르는 상태에서 의사에게 성별을 듣는다고 가정해봅시다. 의사에게 딸이라는 말을 듣자 비로소 모든 것이 분명하게 보이기 시작합니다. 산모는 틀림없이 이렇게 생각할 것입니다. '어쩐지 과일이 먹고 싶더라니', '입덧이 심하다 했더니 역시나 딸이었어', 그리고 지인들에게 딸일지 아들일지 잘 모르겠다며 수없이 오락가락했음에도 자신의 기억 중에서 "딸일 것 같다"고 말했던 기억만 끄집어내 자신이 태아의 성별을 예측했다고 생각하겠죠. 아기 옷은 아들딸에 관계없이 입힐 수 있는 '노란색'을 준비했으면서 말입니다.

이처럼 인간은 어떤 사건이 발생해도 그 상황에 맞게 설명하고 싶어 하기 때문에 주위에서 발생하는 사건을 당연하게 여기고 웬만

해서는 크게 놀라지도 않습니다. 예를 들어, 주식 시장의 예측 전문가가 A사의 실적이 목표치를 뛰어넘었다는 내용의 정보를 접하고 주가가 상승할 것이라고 보아 A사의 주식을 매입했다고 가정해봅시다. 예측했던 대로 A사의 주가가 상승한다면 그는 이렇게 생각할 것입니다. '역시 실적 발표에 의해 주가가 상승하는군!' 하지만 예측했던 것과 달리 A사의 주가가 하락한다면, 그는 이렇게 생각할 것입니다. '역시 실적 발표가 이미 주가에 반영되었군. 이럴 줄 알았어!' 구체적으로는 이런 식입니다.

전문가 기업 공시자료 분석에 기초한 주가 예측 방법을 설명한 후 "이제 아시겠죠?"

진행자 "그러니까 영업 외 이익 등이 포함된 당기순이익이 아닌, 영업 외 이익 등이 포함되지 않은 영업이익이 그 회사의 실적을 나타내는 거겠네요?"

전문가 "네. 당기순이익도 실제 회사가 수중에 얼마의 돈을 쥐었는지를 확인하는 의미에서 중요하지만, 그 회사 본연의 업무 경쟁력을 확인하기 위해서는 영업이익을 보아야 합니다."

진행자 "질문이 있습니다. 제가 실제 개미인데요. 제가 산 종목의 영업이익은 창사 이래 가장 좋거든요. 그런데 주가는 폭락했어요. 그건 대체 왜 그런 겁니까?"

전문가 "기업 실적 발표 전에 그 회사가 장사를 잘하는지 못하는지에 대한 소문이 어느 정도는 돕니다. 그렇기 때문에 그 회사가 공시자료를 발표하기 전에 미리 해당 회사의 주식을 사놓은 사람들이 있을 수 있는 거죠. 즉 공시자료 발표 전에 이미 그 회사 주가에 사업의 성과가 반영이 될 수도 있는 겁니다."

이는 실제로 방영된 한 텔레비전 토크쇼의 대담을 재구성한 것입니다. 만약 누군가가 공시자료 분석에 기초한 주식 투자로 성공한다면 그는 이렇게 말할 것입니다.

"그것 보십시오. 역시 공시자료 분석에 기초한 주식 투자가 최고입니다!"

하지만 다른 누군가가 같은 방법으로 주식 투자를 했는데 실패한다면, 그는 이런 핑계를 댈 것입니다.

"기업 실적이 이미 주가에 반영되어 있었기 때문에 그런 일이 벌어진 겁니다."

예측 전문가들은 이와 같이 세상의 모든 사건들을 그럴듯하게 설명하고 자신은 사건이 발생하기 전에 미리 예측하고 있었다며 자신을 포함한 세상을 속입니다.

부동산 시장에서도 유사한 모습이 자주 보입니다. 부동산계의 유명한 예측 전문가는 땅값, 집값, 아파트 시세까지 매년 예측해 발표를 합니다. 그리고 실제로 본인이 지목한 곳의 땅이나 집값이 오르면 '역시 내가 예측한 바가 맞았다'고 거들먹거리고, 예측하지 못했던 엉뚱한 곳의 값이 오르면 정부 탓으로 돌리거나 인구 문제를 들먹이며 또 다른 예측을 내놓으며 얼버무립니다. 각종 매체에서 아주 흔하게 볼 수 있는 모습이죠.

대부분의 예측 전문가들은 운이 좋아서 예측이 맞아떨어지면 그것을 '실력'이라 표현하고, 예측이 틀리면 그것을 '실수'라고 표현해서 자신의 '진짜 실력'을 부풀려 포장합니다. 때문에 그들은 과거를 통한 배움을 얻지 못한 채, 여전히 사람들에게 자신이 미래를 예측할 수 있다고 소리 높여 주장합니다.

핵심은 이것입니다. 하나, 예측 전문가들은 자신의 예측이 틀렸을 경우에 발생할 모든 위험을 사람들에게 전가시킨 채로 예측을 팔아 돈을 벌어들이고 있습니다. 둘, 하지만 자신들이 그토록 자랑스러워하는 예측 능력을 이용해서 거부의 반열에 오르지는 못하고 있습니다. 정말이지 빛 좋은 개살구가 따로 없습니다.

PART 4

겁에 질린 당신이 지갑을 열고 뛰어가는 곳

10억 은퇴 자금이라는 공포가 만든 시장

꼬마 닭 '리틀'은 점심을 먹고 나서 산책을 하고 있었습니다. 배도 부르고, 햇빛도 좋고, 바람은 시원했습니다. 바로 그때 나무에서 도토리 하나가 떨어져 산책 중이던 리틀의 머리를 강하게 때렸습니다. 땅에 고꾸라져 고통스러워하던 리틀은 순간 자신의 머리를 때린 것은 하늘의 조각이며, 곧 하늘이 무너질 것이라고 생각했습니다. 리틀은 잔뜩 겁에 질려서는 이리저리 소리치며 뛰어다니기 시작했습니다.

"하늘이 무너진다!"

"하늘이 무너진다!"

리틀의 호들갑에 놀란 다른 꼬마 닭들도 모두 겁에 질려서는 소리치며 뛰어다니기 시작했습니다.

"하늘이 무너졌다!"

"하늘이 무너졌다!"

멀리서 이 광경을 지켜보던 여우가 소리치며 뛰어다니는 리틀에게 다가와 상냥하게 말했습니다.

"여우 굴로 숨으렴, 그곳은 하늘이 무너져도 안전하단다."

리틀은 다른 꼬마 닭들을 향해 소리치며 여우 굴로 뛰어 들어갔습니다.

"여우 굴은 안전해!"

"여우 굴은 안전해!"

다른 꼬마 닭들도 모두 소리치며 여우 굴로 뛰어 들어갔습니다.

"여우 굴은 안전해!"

"여우 굴은 안전해!"

잠시 후 늦은 점심을 해결한 여우가 만족한 표정을 지으며 여우 굴에서 나왔습니다. 배도 부르고, 햇빛도 좋고, 바람도 시원했습니다.

이 이야기는 유럽의 전래동화인 《치킨 리틀》의 이야기입니다. 재테크 시장에서 많은 경우 사람들은 꼬마 닭들처럼 행동합니다. 누군가 호들갑을 떨며 하늘이 무너진다는 식으로 과장된 위험을 말하면, 겁에 질린 나머지 가장 가까운 여우 굴을 향해 뛰어가는 것입니다. 그것도 지갑을 활짝 열고서요.

2000년대 중반부터 금융회사들이 파지 줍는 빈곤층 노인들을 예로 들어가며 이를 '장수 리스크'라는 말로 표현하기 시작했습니다. 본격적으로 은퇴 시장을 개척하며 '은퇴 공포'를 조장한 것입니다. 이때부터 금융회사들에 의해 만들어지고 각색된 은퇴에 대한 잘못된 정보들이 미디어를 통해 사람들에게 전해지기 시작했습니다. 많은 금융회사들이 소위 말하는 상류층을 대상으로 골프, 해외여행, 중형차, 가사도우미 등 은퇴 후 필요한 지출 항목을 제멋대로 정해서 은퇴 후의 필요 자금을 추정해 발표했습니다.

가령 교보생명은 2005년에 은퇴 후 생활 자금으로 11억 원이 필요하다는 발표를 했고, 삼성생명 역시 2006년에 은퇴 후 생활 자금으로 11억 원이 필요하다고 발표했습니다. 문제는 이 같은 발표가 미디어를 통해 전해지기 시작하면서 사람들이 '패로팅' 현상을 보이기 시작했다는 것입니다. 당시 실로 많은 이가 앞뒤 가리지 않고 자신들의 은퇴 후 생활 자금으로 10억 원 규모의 자금이 필요하다는 생각을 갖게 되었고, 은퇴에 대한 불안감을 느끼기 시작했습니다.

일부 시민사회단체에는 '10억 원'이라는 은퇴 후 생활 자금은 원금 하나 건드리지 않고도 죽을 때까지 매월 수백만 원의 이자를 받을 수 있는 규모의 돈이라며 금융회사들의 발표를 반박했지만, 사람들의 불안감을 없애기에는 역부족이었습니다. 그리고 사람들의 은퇴 후 생활 자금을 발표하는 등 금융회사들의 공포 마케팅은 여전히 계속되고 있습니다.

금융회사는 인플레이션을 선호한다

금융회사들은 은퇴자들이 다음과 같은 생활을 하게 될 것이라고 주장합니다.

"자녀들과 따로 떨어져 단독 가구를 형성하며, 자녀로부터 어떠한 형태의 경제적 지원도 받지 않는다."

한국인의 부모 부양 의식이 이전과 달라졌다는 것이 그 이유입니다. 58년 개띠를 대표하는 베이비붐 세대들은 위로는 부모 부양에 대한 책임을 져야 하지만, 아래로는 자녀들에게 부양을 기대할 수 없기 때문에 스스로 은퇴 후를 책임져야 한다는 것입니다. 금융회사들은 그러한 주장의 근거로 각종 통계 자료를 들먹입니다.

통계청에서 표본 가구17,000가구 내의 만 15세 이상 가구원을 대상으로 조사한 '2020 사회조사'에는 '부모 부양에 대한 생각'을 묻는 질문이 있습니다.

"귀하는 부모님의 노후를 주로 누가 돌봐야 한다고 생각하십니까?"

1. 부모님 스스로 해결 12.9%

2. 가족 22%

3. 가족, 정부, 사회가 함께 61.6%

4. 정부, 사회 3.5%

5. 기타 0%

위 질문에서 61.6%가 응답한 '가족, 정부, 사회가 함께'를 부모 부양에 긍정적인 대답으로 해석하느냐, 부정적인 대답으로 해석하느냐는 통계 사용자의 주관적인 해석에 따라 다르게 사용될 수 있습니다.

한국인들이 부모 부양에 긍정적인 생각을 가지고 있다는 주장을 뒷받침하기 위한 수단으로 통계가 사용된다면 '가족, 정부, 사회가 함께' 돌봐야 한다는 61.6%와 '가족'이 돌봐야 한다는 22%를 합쳐서 무려 83.6%가 부모 부양에 대해 긍정적인 응답을 했다고 주장할 수 있습니다. 반대로 한국인이 부모 부양에 부정적인 생각을 가지고 있다고 주장하기 위한 수단으로 사용된다면 '가족'이 돌봐야 한다는 응답만 따로 떼어 22%만이 가족이 돌봐야 한다고 응답했다며 사용할 것입니다.

사실 냉정히 따지자면 한국인들의 부모 부양 의식이 이전과 달라졌다는 명확한 근거는 어디에도 없습니다. 금융회사의 더 이상 자녀들에게 부양을 기대할 수 없다는 식의 주장을 무비판적으로 받아들이는 것은 자신의 머리를 무언가가 강하게 때렸다는 이유 하나만으로 하늘이 무너졌다고 호들갑을 떨며 이리저리 뛰어다녔던 치킨 리틀과 별반 다를 것이 없는 것입니다.

저는 다음과 같은 내용의 설문 조사를 진행해서 한국인들의 부모 부양 의식이 변함없음을 주장할 수도 있습니다.

"당신은 부모 부양에 대해 책임감을 느끼고 있습니까?"

1. 부모 부양에 대해 책임감을 느끼고 있다.

2. 부모 부양에 대해 어떤 책임감도 느끼고 있지 않다.

여론 조사 등의 통계 자료를 접할 때는 우선 누가, 무슨 목적으로 조사했는지를 가장 먼저 확인해야 합니다. 그리고 조사에 드는 비용을 누가 후원했는지를 확인한 후, 만약 누군가가 전적으로 후원을 했다면 그 후원의 동기를 미루어 짐작해봐야 합니다. 그 다음으로는 표본이 적절한지를 확인해본 후, 질문지의 항목을 확인해봐야 합니다. 마지막으로는 통계를 해석하는 데 있어서 그 해석들이 타당한 것인지를 따져봐야 합니다.

은퇴 후 생활에 필요한 자금이 7억 원이네 11억 원이네 하는 단순 추정은 아무런 의미가 없습니다. 개인의 거주 지역이나 소비 규모 등에 따라 라이프 스타일이 판이하게 달라서 일률적으로 은퇴 후 생활 자금의 규모를 정할 수 없기 때문입니다. 금융회사들이 제멋대로의 기준으로 추정해서 발표하는 은퇴 후 생활 자금은 마케팅의 도구일 뿐이며, 숫자 놀음 그 이상의 의미는 없습니다.

금융회사들과 미디어에서 주장하는 젊은이들의 부모 부양 기피 현상 역시 그들 멋대로의 기준을 들이대는 것뿐입니다. 그들은 부모와 한 가정 살림을 꾸리지 않고 생활하는 가족이 늘어나고 있다는 각종 통계 자료들을 들먹이며 젊은이들의 부모 부양 기피 현상이 뚜렷하게 나타나고 있다고 주장합니다. 그들에게는 부모와 다른 살림을 꾸리지만 생활비를 꼬박꼬박 챙겨주며 잦게 왕래하는 사람도, 넘어지면 코 닿을 거리에서 사는 사람도 모두 부양을 기피하는 사람들입니다. 전통적인 부모 부양의 방식을 조금이라도 벗어나면 아전인수식으로 해석하는 것입니다. 이 같은 논리라면 상투를 트지 않고 머리를 짧게 자르는 남성들을 모두 신체발부수지부모를 어긴 불효자로 규정할 수 있고, 해마다 국경일에 태극기를 달지 않는 가정의 수를 조사한 통계를 근거로 현 세대의 애국심을 탓할 수도 있을 것입니다.

하나 더 살펴봅니다. 이번에는 물가입니다. 금융회사들과 미디어는 늘 사람들에게 물가 상승, 즉 인플레이션의 위험을 과장해서 알리는 습성이 있습니다. 다음 기사와 같은 식입니다.

> **지금이 기회? 주식 시장 뛰어드는 주린이들**
>
> 물가 상승률도 따라가지 못하는 은행 예·적금 금리와 대출규제로 신규 진입이 막힌 부동산 투자 시장을 고려하면 기초자산이 부족한 서민이 자산을 불릴 방법은 상대적으로 진입 장벽이 낮은 주식 시장밖에 없다는 분석이 나온다.

과장된 인플레이션의 위험은 주식 시장, 부동산 시장을 가리지 않고 재테크 시장의 이야기꾼들에게 좋은 재료가 됩니다. 인플레이션을 방어하기 위해서는 주식과 부동산에 투자해야 한다는 근거를 내세워 사람들을 설득할 수 있기 때문입니다. 은행 금리에서 세금을 빼면 결국은 손해를 본다는 것이 그들의 논리입니다.

저축으로 파산한 사람은 없다

그들은 소비자 물가를 운운하며 "10여 년 전에는 짜장면 가격이 얼마였는데, 지금은 얼마"라는 식으로 단순 비교하기를 즐깁니다. 그러고는 현재 보유하고 있는 돈을 어떤 형태로든 투자하지 않으면 곧 휴지조각이 될 것처럼 호들갑을 떨어 사람들의 지갑을 열죠.

이렇게 되면 평소 인플레이션의 위험을 잘 느끼지 못했던 사람들도 재테크 시장의 이야기꾼들이 떠드는 호들갑에 이내 불안해하기 시작합니다. 정말로 지난 10여 년 사이 짜장면 가격이 몇 곱절로 뛴 것 같기 때문입니다

하지만 잠시 생각을 해보면, 10여 년 사이 사람들의 임금도 인상

되었다는 사실을 알 수 있습니다. 짜장면 가격만 뛴 것이 아니라 내 임금도 덩달아 뛰었기 때문에 재테크 시장의 이야기꾼들이 짜장면 가격이 몇 곱절로 뛰었다고 호들갑을 떨기 전에는 인플레이션을 체감하지 못하고 있었던 것입니다. 또한 조금만 주위를 둘러보면 그들이 말하는 짜장면 가격보다 저렴하게 팔고 있는 가게도 많다는 사실을 알 수 있을 것입니다. 생각해봅시다. 서비스는 돈으로 환산되기 때문에 서비스의 질에 따라 가격도 천차만별로 달라집니다. 소위 말하는 셀프 서비스 식당에서는 아직도 아주 저렴한 가격으로 짜장면을 판매하고 있습니다.

이처럼 사람들에게 과장된 인플레이션의 위험을 알려 인플레이션 기대 심리를 조장하는 것이 비단 금융회사들을 비롯한 재테크 시장의 이야기꾼들만은 아닙니다. 정부 역시도 인플레이션을 선호하며 의도적으로 인플레이션 기대 심리를 조장하고, 또 실제로 인플레이션을 만들어갑니다.

'저축의 역설'이라는 말이 있습니다. 개인의 입장에서는 돈을 소비하지 않고 저축하는 것이 미덕이지만, 국가 경제 전체의 입장에서 보면 오히려 악덕이 된다는 것입니다. 우리 사회 구성원 모두가 가지고 있는 돈을 쓰지 않고 열심히 저축만 한다면 국가 경제 전체의 소비가 부족해질 수밖에 없고, 이렇게 소비가 부족해지면 결국 경제가 침체에 빠질 수밖에 없기 때문입니다. 그 때문에 정부에서는 소비를 원하고, 사람들의 소비를 끌어내기 위해 계속해서 인플레이션 심리를 조장합니다. 인플레이션을 예측하는 이들은 돈을 비축하려고 하지 않기 때문입니다.

정부가 인플레이션을 선호하는 이유는 또 있습니다. 그것은 바로 사람들이 가진 '화폐 환상' 때문입니다. 물가 상승분만큼의 임금이 인상되었다고 생각해봅시다. 임금이 인상되면 실질 구매력이 변하지 않는다 하더라도 사람들은 임금 인상에 만족해합니다. 물가 상승은 확실하게 인식할 수 없지만 임금 상승은 확실하게 인식할 수 있고, 물가 상승보다는 늘어난 임금이 피부에 더 와닿기 때문입니다.

이번에는 반대로 생각해봅시다. 많은 사람들이 물가가 하락하기를 바랍니다. 만약 사람들이 바라는 대로 물가가 계속해서 하락하게 된다면 어떻게 될까요? 물가가 계속해서 하락하면 기업의 명목 수익이 줄어들고, 사람들의 임금도 줄게 될 것입니다. 그렇게 되면 물가 하락분만큼 임금이 떨어지기 때문에 실질 구매력이 변하지 않는다 하더라도 사람들은 불만을 갖게 됩니다. 앞선 경우와 마찬가지로 물가 하락은 확실하게 인식할 수 없지만 임금 하락은 확실하게 인식할 수 있고, 물가 하락보다는 줄어든 임금이 피부에 더 와닿기 때문에 줄어든 임금을 손실로 생각해서 민감하게 반응하는 것입니다. 이와 같은 이유로 물가 하락, 즉 디플레이션은 정치적으로 죽음이나 마찬가지인 것입니다. 물가는 크게 다음 세 가지로 구분할 수 있습니다.

- 지표 물가
- 체감 물가
- 주머니 물가

금융회사들이 물가가 금리보다 높다고 말할 때의 물가가 바로 '지표 물가'입니다. 지표 물가는 정부의 발표를 위해 만들어진 가상의 물가입니다. 가계 소비 지출에서 비중이 높은 항목 순으로 400개 이상의 표본을 추출한 다음, 그것들의 가격을 더하고 곱하고 나눠서 하나의 숫자를 산출해냅니다. 그러니까 이 지표 물가가 우리에게 실제로 체감되는 물가로 다가오려면, 우리는 매년 표본에 포함되어 있는 400개 이상의 물품들을 모조리 소비해야만 한다는 뜻입니다. 하지만 그건 불가능한 일입니다. 냉장고 따위를 매년 살 수도 없을 뿐더러, 살다보면 표본에 포함되어 있지 않은 다른 많은 물품을 수시로 사들이기 때문입니다.

'체감 물가'는 말 그대로 우리가 체감하는 물가입니다. 시장에 가서 눈으로 어떤 물건의 오른 가격을 확인했을 때 느낌으로 다가오는 그 오름의 폭 그것이 체감 물가입니다. 이것 역시 가상의 물가입니다. 눈으로 보고 느낀 모든 물가를 지칭하는 광의의 개념이기 때문입니다. 생각해봅시다. 우리는 어떤 물건이 눈에 들어왔다는 이유만으로 그것을 소비하지는 않습니다. 그것이 내게 정말로 필요한지 또는 주머니 사정이 괜찮은지를 고려하여 구매를 결정합니다.

결국 '주머니 물가'가 진짜 물가입니다. 수십 번 망설이고 버티고 깎은 뒤에야 겨우 사는 것, 그래서 주머니에서 꺼낸 실제의 돈으로 소비가 이루어지는 것, 그것이 바로 주머니 물가입니다.

물가의 크기는 보통 '체감 물가 〉 지표 물가 〉 주머니 물가' 순으로 정렬이 됩니다. 체감 물가는 말 그대로 체감이기 때문에 실제보다 훨씬 더 크게 와닿습니다. 그래서 대체로 과장됩니다. 누구나 한번쯤은 시장에 가서 어떤 물건을 보고 오르기 전 가격은 기억도 못 하면서 '엄청나게 올랐네'라고 생각한 적이 있을 것입니다.

여기서 중요한 건 '엄청나게'라는 표현입니다. 체감 물가는 항상 이렇게 추상적으로 다가옵니다. 보통은 은유의 형식을 빌려 표현됩니다. 예컨대 하늘만큼 올랐네, 백두산만큼 올랐네 등. 이런 까닭에 체감 물가는 항상 다른 물가에 비해 월등하게 높게 느껴집니다.

주머니 물가는 실제로 주머니에서 나가는 돈이기에 그 크기가 가장 작습니다. 우리에게는 할인하는 상품을 찾아다니는 등의 살림의 기술이 있기 때문입니다. 이렇듯 주머니 물가는 소비자의 의지에 의해서 얼마든지 탄력적으로 조정이 가능합니다. 즉 물가상승률이 금리보다 높아서 저축을 할수록 손해를 본다는 금융회사들의 주장은 거시와 미시, 추상과 구체를 구분하지 않아서 생기는 일종의 '사고의 오류'입니다.

그들이 말하는 지표 물가는 우리 생활에 영향력을 행사하질 못하는 '가짜 물가'이고, 저축으로 손해를 보는 일은 결코 발생하지 않습니다. 저는 지금까지 살면서 무리하게 투자하다가 파산했다는 사람 이야기는 들어봤어도, 무리하게 저축하다가 파산했다는 사람의 이야기는 들어본 적이 없습니다.

재무 설계라는 거대한 음모

금융감독원이 발행한 〈고등학교 생활금융〉에는 재무 설계의 필요성에 대한 다음의 글이 있습니다.

재무 설계란 무엇일까? 돈을 벌고 쓰면서 사람들은 경제생활을 하고 있다. 대부분의 사람들은 풍족한 생활을 원하고 적정한 소득만 유지된다면 이를 바탕으로 하고 싶은 일들도 많을 것이다. 그런데 살아가면서 돈을 벌고 쓰는 과정은 매우 불규칙하게 이루어진다. 안정적인 미래를 준비하고 자신의 계획을 실현하기 위해서는 돈을 어떻게 벌어서 어떻게 쓸 것인지를 미리 예측하고 조정하여 대비하는 것이 필요하다. 재무 설계는 자신의 재무 관련 상황을 파악하여 재무 관련 목표를 세우고, 이에 맞추어 구체적인 자금 준비 등을 계획하고 실천하는 것이다.

라이프 사이클을 고려하는 재무 설계 : 인간의 생애는 유년기, 청소년기, 청년기, 장년기, 노년기의 순으로 이어진다. 라이프 사이클life cycle은 이러한 인간의 생애 단계를 경제 활동 시기의 단계와 관련지어 구분한 것이다. 인생의 과정에서 생산 활동을 통해 소득을 얻을 수 있는 시기는 한정되지만, 개인의 소비 생활은 평생에 걸쳐 이루어진다. 일반적으로 태어나서 20대 중반까지는 부모의 도움을 받아 성장하고 교육을 받는 시기로, 소비에 비해 소득이 적은 시기다. 또한 은퇴를 한 60대 이후의 노년기 역시 소득이 줄어든다. 이에 비해 직업 생활을 하는 30~50대 장년기는 소득이 높아 저축이 늘어나는 경우가 많다. 고령화가 점점 더 가속화되면서 소득이 많은 시기에 은퇴 이후를 대비하지 않으면 노년기에 경제적인 어려움을 겪게 된다. 따라서 전 생애에 걸쳐서 소득과 소비를 고려한 재무 설계가 중요해지고 있다.

재무 설계는 1985년 노벨 경제학상을 수상한 이탈리아 출신의 미국 경제학자 프랑코 모딜리아니Franco Modigliani의 '생애 주기 가설'에 근거를 두고 있습니다. 생애 주기 가설을 간단히 소개하자면 이렇습니다. 일반적으로 사람의 소비는 전 생애에 걸쳐 일정하거나 서서

생애 주기 가설

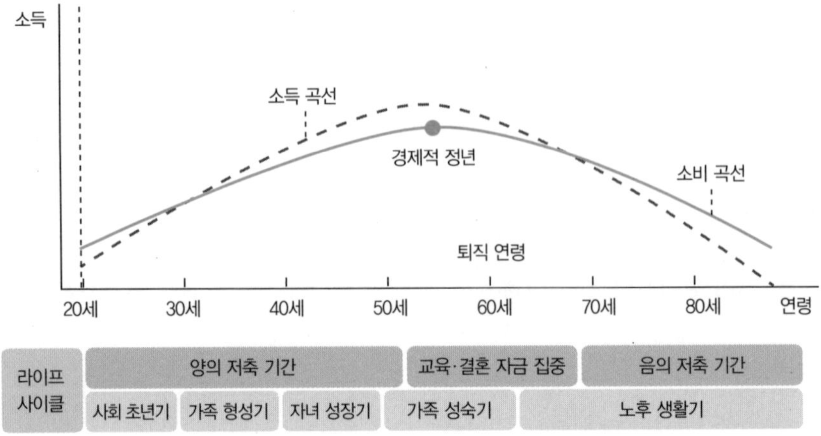

출처 : 금융감독원 〈고등학교 생활금융〉

히 증감하지만 소득은 중년기에 가장 높고 유년기와 노년기에는 낮은 것이 보통이며, 이 때문에 중년기에는 '양의 저축'을 유년기와 노년기에는 '음의 저축'을 하게 된다는 것입니다.

조금 더 쉽게 말하면, 사람의 삶 전체를 놓고 봤을 때 소득이 지출보다 많아서 저축이 가능한 '양의 저축 기간'이 한정되어 있는데, 그 기간이 인생의 중년기라는 것입니다. 그 때문에 양의 저축 기간인 중년기에 형성된 자산의 잉여분을 '음의 저축 기간'인 노년기에 나눠서 소비하려면 중년기에 구체적인 계획을 수립하고 실현해야 한다는 것입니다.

재미있는 것은 금융회사들이 삶 전체에서 일어나는 결혼이나 주택 구입, 자녀 교육, 퇴직 등의 사건을 일종의 이벤트로 규정하는데,

이 이벤트들을 생애 주기 가설 위에 수립하고 실현하는 데 그들의 컨설턴트들이 도움을 준다는 것입니다. 한마디로 금융회사들이 사람들의 전 생애에 관여하겠다는 것입니다. 엄청난 스케일이 아닐 수 없습니다. 말은 그럴 듯하지만 결국은 재무 설계를 통해서 개인에게 얻어낼 수 있는 모든 파이를 모조리 먹어 치우겠다는 속셈인 것입니다.

이보다 더 재미있는 것은 생애 주기 가설이 한국인들의 저축 활동을 제대로 설명하고 있다는 뚜렷한 근거가 어디에도 없다는 사실입니다. 즉 금융회사에 소속되어 있는 세일즈맨들이 사용하는 일종의 화술일 뿐이라는 것입니다. 그럼에도 금융회사들의 마케팅 덕분에 생애 주기 가설을 기본 바탕으로 한 재무 설계가 이미 자리를 잡아 하나의 새로운 시장을 형성하고 있습니다.

우리에게도 '노이즈 캔슬링'이 필요하다

한국인의 저축 활동을 설명할 때는 생애 주기 가설보다 노벨 경제학상 수상자인 영국의 경제학자 피터 첼섬Peter Chelsom의 '블랙커피 가설'이 보다 더 효과적으로 사용됩니다.

블랙커피 가설에 따르면 일반적으로 사람은 제1의 소득원에서 물러나도 어떤 형태로든 제2의 소득원을 찾아 소득 활동을 계속 유지하려 하기 때문에 소득 활동 기간이 노년기의 중반까지 이어진다는 겁니다. 제1의 소득원에 비해 제2의 소득원의 소득이 현저히 감소하는 경우가 있기는 하지만, 비슷한 시기에 자녀로 인해 유발되었던 소비가 해소되어 제2의 소득원에서 완전히 물러나기까지의 일정 기간 동안은 저축률이 중년기의 수준을 되찾거나 오히려 더 높은 수준을 보일 수도 있습니다.

요컨대 사람은 어떤 식으로든 양의 저축 기간을 연장하려 하기 때문에 노년기의 중반까지 소득 활동을 계속해서 하게 되고, 자녀의 결혼을 마지막으로 대규모의 지출이 모두 끝나면서 일시적으로 양의 저축 기간이 다시 찾아온다는 것입니다. 그 때문에 사람은 노년기에도 저축의 여력이 있으며 은퇴 시장에 팽배해 있는 불안감은 일종의 거품이라는 것이 블랙커피 가설의 요지입니다. 실제로 주변을 둘러보면 60대 이상의 고령자들이 노동 현장에서 소득 활동에 참여하는 모습을 흔히 볼 수 있습니다.

금융회사들이 생애 주기 가설을 이용한 재무 설계 세일즈를 변호하기 위해 각종 통계 자료를 활용하는 것처럼, 저 역시 블랙커피 가설을 뒷받침하기 위해 우리나라의 고령 인구가 소득 활동에 참여하고 있다는 내용의 통계 자료를 찾아내어 반대 의견을 낼 수도 있습니다. 이 같은 통계 자료와 함께 한국 남성의 평균 초혼 연령이 30대 초반이라는 통계 자료를 그럴듯하게 버무려서 많은 사람이 자녀의 결혼을 원인으로 한 독립 이후에도 여전히 노동 현장에서 활발한 소득 활동을 하고 있기 때문에 노년에도 저축의 여력이 있다는 것을 주장하면 더 좋겠네요.

금융회사들은 제1의 소득원에서 물러나 제2의 소득원에서 소득 활동을 계속 유지해나가는 사람들을 철저하게 무시합니다. 그러고는 자신들만의 일방적인 논리를 내세워 노동 소득 발생 기간이 점차 단축되고 있다고 주장합니다. 달리 말하면 소득 활동을 전혀 하지 않고 소비 활동만 하면서 살아가는 은퇴 생활의 기간이 점차 길어진다는 것입니다.

금융회사들이 제2의 소득원에서 이루어지는 소득 활동을 무시하고 있다는 것은 그들이 은퇴자를 정의하는 기준에서 확연하게 드러납니다. 대부분의 금융회사는 가장 오래 근무한 직장에서의 퇴직, 즉 정년퇴직한 사람을 '은퇴자'로 정의합니다. 하지만 이렇게 되면 은퇴자의 연령이 지나칠 정도로 낮아지게 될 뿐만 아니라 정년퇴직 후 제2의 소득원을 찾아 소득 활동을 계속 유지하는 사람들을 인정하지 않는 결과를 가져옵니다.

그 때문에 특정 연령60세나 65세 이상을 은퇴자로 정의하는 금융회사도 있습니다. 하지만 이 역시 단순 고령자와 은퇴자를 같은 사람으로 본다는 문제점이 있습니다. 고령자이면서도 노동 현장에서 소득 활동을 계속 유지하는 사람들까지 은퇴자로 정의하게 되는 것입니다.

그래서 특정 연령대 이상이면서 노동 소득이 0인 사람을 은퇴자로 정의하는 금융회사도 있습니다. 하지만 이 역시 일시적인 실업과 은퇴를 구분하지 못한다는 문제점이 있습니다. 제1의 소득원에서 제

2의 소득원으로 넘어가는 과정에서 찾아오는 일시적인 공백기일 수도 있는 것입니다.

보통 소득 활동은 전혀 하지 않은 채 소비 활동만 하면서 여생을 살아가는 것을 은퇴로 정의합니다. 따라서 제1의 소득원뿐만 아니라 제2, 제3의 소득원에서의 소득 활동, 즉 모든 소득 활동을 완전히 떠난 상태가 되어야만 비로소 '은퇴'라고 할 수 있을 것입니다. 이는 정년퇴직 따위와는 분명히 구별되어야 하는 개념입니다.

우리가 제1의 소득원에서 물러나게 된다 하더라도 어떻게든 제2의 소득원을 찾아 소득 활동을 계속 유지한다면, 우리의 은퇴는 금융회사들이 주장하는 시기보다 한참 뒤에나 찾아올 것입니다. 뿐만 아니라 노년기 중 일시적으로 양의 저축 기간이 다시 찾아올 수도 있습니다. 무엇보다 금융회사들이 그리는 우리의 은퇴 생활은 실제로 우리가 영위하는 일반적인 생활과 너무나도 동떨어져 있습니다. 가령 이런 식입니다.

- 어느 외국 고급 휴양지 해변에서 백발 노부부가 얼굴 가득 미소를 머금은 채 손을 잡고 걷습니다. 산책이 끝난 후 호텔 바에서 고급 와인을 즐깁니다.

- 백발의 노부부가 정원이 딸린 멋진 집에서 꽃에 물을 주고 있습니다.

이때 반드시 큰 개가 정원에서 뛰어놀고 있어야 합니다. 때마침 아들 딸 부부가 집에 도착하고, 귀여운 손주들이 뛰어와 노부부의 가슴에 안깁니다.

어떠신가요? 어느 외국 고급 휴양지 해변에서 고급 와인을 마시거나, 큰 개가 뛰어놀 정도로 멋진 정원을 가꾸며 여생을 보낼 수 있는 사람이 과연 우리 사회에 몇 명이나 될까요? 사실 우리는 지금까지 살아온 것처럼 수십억 원이 없어도, 정원 딸린 넓은 집이 없어도 행복한 여생을 보낼 수 있습니다. 우리가 느끼는 은퇴에 대한 불안감의 상당 부분은 금융회사들에 의해 만들어진 것입니다.

《치킨 리틀》 이야기로 돌아옵니다. 하늘이 무너진다는 리틀의 호들갑에 놀란 다른 꼬마 닭들은 리틀의 주장에 대한 근거를 전혀 묻지 않은 채 리틀과 함께 겁에 질려서는 소리치며 이리저리 뛰어다녔습니다. 그것은 분명 근거 없는 두려움입니다.

'나의 머리를 무엇인가가 때렸다'라는 것이 리틀이 말하는 주장의 유일한 근거라는 사실을 알게 된다면, 다른 꼬마 닭들이 그때도 여전히 겁에 질려서 이리저리 뛰어다닐까요?

우리의 노후 생활이 엄청나게 암울할 것이라는 식의 선전은 치킨 리틀의 주장처럼 빈약한 근거를 토대로 한 금융회사의 일방적인 주장일 뿐입니다. 프랑코 모딜리아니의 생애 주기 가설 역시 진리가 아닌 하나의 가설입니다.

그래서 드리는 말씀입니다. 사실 블랙커피 가설은 노벨 경제학상 수상자인 피터 첼섬의 가설이 아닙니다. 작명 센스가 꽝인 제가 방금 블랙커피를 마시며 이런저런 연구 보고서들을 이어 붙여 만든 짜깁기 가설입니다. 참고로 피터 첼섬은 노벨 경제학상 수상자도 경제학자도 아니며, 그는 영화배우 존 쿠삭John Cusack이 주연으로 나오는 영화 〈세렌디피티〉를 연출한 영국의 유능한 영화감독입니다.

자꾸 여러분을 속여서 죄송합니다. 금융회사들이 제공하는 각종 정보를 무조건적으로 믿고 받아들이면 안 된다는 메시지를 전하기 위해 이야기를 꾸며봤습니다. 내용은 거짓이지만 제가 여러분에게 전하고 싶은 이야기는 확실합니다. 재테크 시장에서는 옳은 정보만큼이나 잘못된 정보와 노이즈가 너무나 많습니다. 그것이 돈에 대한 직접적인 내용이든 간접적인 내용이든 우리의 판단력을 흐릴 만큼 쏟아지죠. 그것들 사이에서 거짓과 진실을 제대로 보려면 우리에게는 냉정하고 회의적인 시각이 반드시 필요합니다.

PART 5

우리는 왜 부자가 되지 못하는가

나는 남들과 다르다

어느 일요일, 아빠와 함께 동물원 구경을 나온 아이가 사자 우리 앞에 멈추어 섰다. 사자의 모습을 본 아빠가 말했다.

"여기 동물의 왕이 있구나."

"아빠, 사자를 왜 그렇게 부르죠?"

"사자는 굉장한 사냥꾼이거든. 사자는 어떤 동물도 잡아먹을 수 있지. 사람도 잡아먹는단다."

"그럼, 아빠도 잡아먹을 수 있어요?"

"저 사자가 우리 밖으로 뛰쳐나온다면 그럴지도 모르지."

아이는 흥미롭다는 듯 사자를 주의 깊게 살펴보았다. 그러더니 몸을 돌려 아빠에게 속삭였다.

"아빠, 만약에 저 사자가 뛰쳐나와 아빠를 잡아먹으면 나는 어떤 버스를 타고 집에 가죠?"

이 이야기는 인도의 철학자 오쇼 라즈니쉬Osho Rajneesh의 〈동물원에서〉라는 이야기입니다. 아마도 이야기 속의 아빠는 그날 밤 자신의 죽음에 대해 곰곰이 생각해보았을 것입니다. 오쇼 라즈니쉬는 이야기 뒤에 이런 말을 남겼습니다. "그대, 자신의 죽음에 대해 생각해본 적이 있는가? 그대가 생각하는 죽음이란 늘 남의 죽음이 아닌가?"

많은 이들이 가족에게 유언장을 남기지 못한 채로 세상을 떠납니다. 본인이 다른 사람들보다 건강하게 오래 살 것이라 믿기 때문입니다. 물론 그 생각은 근거 없는 낙관입니다.

우리는 삶에 관련된 많은 것들을 낙관적으로 생각합니다. 졸업을 앞둔 어떤 학생은 자신이 사회에 나가면 다른 친구들보다 더 높은 연봉을 받게 될 것이라고 생각합니다. 부모들은 자녀가 다른 또래 아이들보다 머리가 좋다고 생각합니다. 심지어 벼락이 떨어져도 이웃집에 떨어지면 떨어졌지 자기 집에는 절대로 떨어지지 않을 것이라고 생각합니다. '앞으로 나에게 닥칠 일들은 나쁜 일보다 좋은 일이 더 많을 것이다. 지금까지는 엉망이었다고 해도 상관없다. 앞으로는 모든 게 잘될 거니까.' 이렇게 낙관적으로 생각하는 것이 삶을 살아가게 하는 원동력일 수 있습니다. 사람의 낙관적 성향은 일종의 본능인 것입니다. 우리는 이것을 '희망'이라고 부릅니다.

낙관적 성향의 대부분은 '자기 과신'이라는 모습으로 사람들에게 나타납니다. 문제는 많은 사람이 자신의 능력을 지나칠 정도로 과신하고 있다는 데 있습니다. 어떤 방면에서든 내가 다른 사람들보다 조금 더 낫다고 생각하는 것입니다. 만약 자신이 다른 사람들보다 뒤떨어지는 뭔가가 있다면, 그 뒤에는 반드시 그럴듯한 이유가 함께합니다. 예를 들어, 노래를 잘 부르지 못한다면 평소에 노래를 잘 듣지 않아서 그런 것이고, 영어 실력이 부족하다면 단지 공부할 시간이 부족해서 그런 것뿐입니다. 이러한 자기 과신 덕분에 다른 사람들이 나에게 내리는 평가는 늘 만족스럽지 못합니다.

자기 과신은 사람들로 하여금 다음과 같은 생각을 하게 만듭니다. '나는 다르다.' 그리고 이런 생각으로 재테크 시장에 뛰어듭니다. 주식 시장도 마찬가지입니다. 사람들은 주식 시장에서 다른 사람들은 실패하더라도 자신은 성공할 수 있다고 생각합니다. 제가 엉터리 예측 전문가들에 대해 아무리 떠들어본들 소용이 없습니다. 왜냐하면 그것은 다른 사람들의 이야기일 뿐, 나와는 상관없는 일이라고 생각하죠.

매일 술을 마시는 알코올 중독자 역시 자신은 다른 알코올 중독자들과 다르기 때문에 마음만 먹으면 언제든지 술을 끊을 수 있다고 생각합니다. 하루 두 갑 이상의 담배를 피우는 골초에게 폐암은 다른 사람들의 이야기일 뿐입니다. 아이러니하게도 모두가 같은 생각을 하고 있습니다. '나는 다르다!'

투자는 자신 있어!

사람들은 제비뽑기나 주사위 던지기처럼 운이 승패를 좌우하는 게임에서조차 자신이 개입하면 좋은 결과를 만들어낼 수 있다고 생각합니다. 자신은 다른 사람들과 다르기 때문에 우연에 영향을 미칠 수 있으며, 행운은 자기편이라고 생각하는 것입니다.

하버드대학교 심리학과 교수 엘렌 랭어Ellen Langer의 실험을 살펴봅시다. 그는 두 기업의 직원들을 '미식축구 복권 게임'에 초대했습니다. 직원들은 미식축구 선수의 사진이 들어간 카드를 한 장씩 갖게 되고, 그중 한 장이 당첨 카드가 됩니다.

첫 번째 기업의 직원들에게는 카드를 직접 선택하게 했고, 두 번째 기업의 직원들에게는 카드를 임의로 나눠주었습니다. 물론 카드를 직접 선택한 첫 번째 기업의 직원들이나 임의로 카드를 받은 두 번째 기업의 직원들이나 당첨될 확률은 모두 같습니다. 하지만 엘렌 랭어 교수가 직원들에게 가지고 있는 카드를 다른 사람들에게 판매하라는 지시를 내리자 재미있는 현상이 일어났습니다.

카드를 직접 선택한 첫 번째 기업의 직원 대부분은 카드를 팔지 않으려 했고, 카드를 임의로 받은 두 번째 기업의 직원들보다 훨씬 더 많은 돈을 요구한 것입니다. 자신의 개입이 복권 게임의 결과에 영향을 미친다고 생각한 것이죠.

실험을 주사위 게임으로 바꿔도 이와 비슷한 현상이 일어났습니다. 주사위 게임에 참가한 사람들은 주사위가 던져지기 전에는 높은 금액을 베팅할 의사가 있었지만, 주사위가 던져진 후에는 베팅할 의사가 현저하게 줄어들었습니다. 던져진 주사위의 결과가 아직 공개되지 않은 상황인데도 말입니다.

사람들은 자신이 우연에 영향을 미칠 수 있다고 생각하기 때문에 주사위 게임을 할 때 주사위를 던지는 힘의 강약을 조절하기도 하고, 주사위를 던지기 전에 정신을 집중하기도 합니다. 주사위를 약하게 던진다고 해서 낮은 숫자가 나오는 것도 아니고 세게 던진다고 해서 높은 숫자가 나오는 것도 아닌데 말입니다. 물론 정신을 집중해서 주사위를 던진다고 결과가 바뀌는 것도 아닙니다.

몇 해 전 첫째 동생이 길을 걷다가 복권을 주운 적이 있습니다. 아직 추첨하지 않은 복권이었고, 집에 돌아온 동생은 무척이나 기분이 좋아 보였습니다. 장난기가 발동한 저는 주운 복권을 2만 원에 사겠다고 제안했습니다. 그러나 동생은 단호하게 거절했습니다. 일요일 아침, 동생은 잠이 덜 깬 저에게 주운 복권을 2만 원에 팔겠다고 했습니다. 참고로 복권 추첨은 매주 토요일 저녁에 합니다.

사람들은 주사위 던지기나 복권처럼 우연이 모든 것을 결정하는 사건에까지 자신이 영향을 미칠 수 있다고 여깁니다. 그 때문에 전적으로 우연에만 좌우되지 않는 사건들에 대해서는 자신이 영향을 미칠 수 있고, 심지어 원하는 방향으로 나아가도록 조종할 수 있다고 생각합니다. 예를 들면 재테크, 사업, 연애 등이 그것입니다. 특히 자신이 사건에 어떻게, 왜 영향력을 행사할 수 있는지 그럴듯하게 설명할 수 있는 경우에는 더더욱 그렇습니다. 그래서 사람들은 자신 있다는 말을 즐겨 사용합니다.

"재테크는 자신 있어!"
"사업은 자신 있어!"
"연애는 자신 있어!"

하지만 매번 다이어트에 실패하는 저도 다이어트에는 자신 있었고, 올해도 어김없이 금연에 실패한 어떤 이도 금연에는 자신 있었습니다. 아마도 18세기 남해회사에 투자했다가 큰 손실을 본 뉴턴도 투자에 자신 있었을 것입니다. 권리금도 회수하지 못한 채 문을 닫아야 했던 우리 동네 가겟집 사장님도 장사만큼은 자신 있었을 것입니다. 모두 자신 있어 하지만, 모두 성공하는 것은 아닙니다. 자신감의 크기와 성공의 크기는 비례하지 않습니다.

계획 오류에서 빠져나와라

초등학생 시절, 방학이 시작되면 어김없이 만들어서 책상 앞에 붙여두지만 어김없이 지켜지지 않았던 동그란 생활 계획표를 기억하고 계시나요? 어린 시절의 생활 계획표는 말 그대로 언제나 계획에서 멈추었습니다. 그런 현상은 성인이 되어서도 마찬가지로 일어납니다. 다이어트 계획, 대출금 상환 계획, 저축 계획 등 수많은 계획들이 지켜지지 않습니다. 왜 그런 걸까요? 지나친 자신감낙관이 원인입니다. 처음부터 계획을 무리하게 세웠던 것입니다.

어떤 사람이 10일 후에 있을 애인과의 기념일을 맞아 종이학 1,000마리를 접는다고 생각해봅시다. 아마도 그는 이런 생각을 할 것입니다. '남은 날이 10일이고, 종이학은 1,000마리니까 1,000마리에서 10일을 나누자. 그래! 하루에 100마리씩만 접으면 기념일까지 1,000마리의 학을 모두 접을 수 있겠어.'

우리들이 세우는 대부분의 계획들이 1,000마리 종이학을 접겠다는 그의 계획과 같은 식으로 세워집니다. 그래서 우리는 그의 애인이 기념일에 1,000마리의 종이학을 받지 못하게 될 것이라는 사실도 쉽게 짐작할 수 있습니다.

우리는 과거에 이미 이런 식의 계획을 수도 없이 세웠고 지키지 못했습니다. 하지만 앞으로도 우리는 이런 계획을 계속해서 세울 것입니다. 왜냐하면 우리는 언제나 우리 자신에게 너무나도 자신 있으니까요! 흔히 이런 현상을 '계획 오류'라고 부릅니다. 그리고 계획 오류를 설명할 때 빠지지 않고 언급되는 것이 바로 호주의 오페라 하우스입니다.

1950년대에 호주 정부는 나라를 대표할 건축물을 만들기 위해 전 세계 건축가들을 대상으로 설계 공모전을 열었습니다. 그리고 덴마크 출신의 건축가 우촌Utzon이 설계한 조가비 모양의 도안이 최종 당선작으로 선정되었습니다. 우촌은 잘라낸 오렌지 껍질에서 영감을 얻어 오페라 하우스를 설계했다고 합니다.

오페라 하우스는 1963년 개관을 목표로 공사에 들어갔습니다. 하지만 공식 개관은 이보다 10년이나 지난 1973년 10월 20일에 이루어졌고, 공사비 역시 100만 달러가 소요될 것으로 예상해서 계획했지만 실제로는 그보다 열네 배가 더 들었습니다.

재테크 시장에서는 금융회사들이 사람들에게 장기 금융 상품을 팔기 위해 계획 오류를 집요하게 파고듭니다. 금융회사의 창구를 직접 방문해서 재테크 세일즈맨을 대면하거나 온라인 상품 가입을 하기 위해 들어간 홈페이지에 쓰인 광고 문구만 봐도 알 수 있습니다. 그들은 모두 쉽게 말합니다. "20년 동안 담배 값만 아끼면 됩니다", "3년 동안 매일 커피 한 잔만 덜 마시면 됩니다"라고 말입니다. 실제로 이런 이야기를 들으면 쉽게 느껴지기도 합니다. 그래서 덜컥 가입하게 되죠. 하지만 우리 모두 알고 있습니다. 이렇게 가입한 상품은 대체로 만기를 보지 못하고 중도 해지하게 된다는 걸 말입니다. 여러분도 혹시 그런 금융 상품에 가입되어 있지 않으신가요?

주린이의 성공 비밀

이야기꾼들은 재테크 시장을 돈이 돈을 벌어주는 '환상의 시장'이라고 말합니다. 조금만 노력하면 누구나 정원이 딸린 멋진 집과 외제차를 가질 수 있고, 경제적 자립을 통해 조기 퇴직을 하는 파이어족 FIRE, Financial Independence Retire Early이 될 수 있다고 사람들을 유혹하는 것입니다. 그리고 사람들이 재테크 시장에 관심을 갖기 시작하면 "당신은 할 수 있다! 자신감을 가져라!"라고 외치며 위험이 있는 재테크 시장으로 사람들을 끌어들입니다.

대부분의 사람들이 재테크 시장에 처음 발을 들여놓는 시기는 시장의 상황이 좋을 때입니다. 주식 시장이 좋을 때, 부동산 시장이 좋을 때, 미디어에서 장밋빛 전망들이 쏟아져 나올 때 사람들은 엉덩이를 들썩이기 시작합니다. 이야기꾼들은 그 순간을 놓치지 않고 사람들에게 환상적인 이야기를 풀어내면서 재테크 시장으로 등을 떠밉니다.

바로 이때 이야기꾼들에게 등을 떠밀려 재테크 시장에 처음 발을 들이는 많은 사람들이 수익의 기쁨을 누리게 됩니다. 이것을 흔히 '초심자의 행운'이라고 합니다. 상상해봅시다. 저기 언덕에서 브레이크 풀린 트럭이 빠른 속도로 내려오고 있습니다. 우리는 그 아래 안전한 인도 어딘가에 서 있습니다. 그 트럭은 과연 우리 앞에서 바로 멈출 가능성이 클까요? 우리를 지나쳐 멈출 가능성이 클까요? 당연히 우리를 지나쳐서 멈출 가능성이 큽니다.

재테크 시장도 똑같습니다. 재테크 시장 중 어느 분야가 좋다고 주위에서 난리입니다. 그래서 투자를 시작합니다. 그럼 우리가 투자를 시작하자마자 재테크 시장이 안 좋아질 가능성이 클까요? 아니면 우리가 투자를 시작하고 좀 지나서 안 좋아질 가능성이 클까요? 당연히 후자입니다. 이게 초심자 행운의 비밀입니다.

수익의 기쁨을 맛본 사람들은 재테크에 더욱더 자신감을 갖게 되고, 더 많은 돈을 재테크 시장에 쏟아붓기 시작합니다.• 그리고 파

• 초심자 행운에 의해 수익을 낸 초보 투자자는 본인이 선택하지는 않았지만 선택할 수 있었던 '가능했던 세계'를 떠올리며 후회합니다. '그때 더 많은 주식을 샀어야 했는데', '영끌해서 더 넣었어야 했는데' 등 가능했던 세계에 대한 후회는 초보 투자자들을 '용돈 투자자'에서 '목돈 투자자'로 변신시키는 심리적 연료가 됩니다.

이어족이 될 수 있는 가장 쉽고 빠른 방법을 찾기 위해 재테크 관련 정보를 쉴 새 없이 수집하기 시작합니다.

사람은 어떤 일에서든 최소의 힘으로 최대의 효과를 얻으려고 합니다. 그렇지 않았다면 텔레비전 리모컨은 발명되지도 않았을 것이고, 저는 텔레비전 채널을 바꾸기 위해 소파와 텔레비전 사이를 수없이 왔다 갔다 하느라 지금보다 더 날씬했을 것입니다.

사람들은 결국 정원이 딸린 집과 외제차를 가지고, 파이어족이 될 수 있는 가장 쉽고 빠른 방법을 찾아냅니다. 흔히 '비법'이라고 불리는 이 방법들은 재테크 시장의 이야기꾼들에 의해 팔리는데, 많은 비법들이 손만 뻗으면 닿을 수 있는 가까운 곳에 있고 가격도 생각보다 비싸지 않습니다.

방아쇠를 당기시겠습니까?

재테크 시장의 이야기꾼들은 "나도 했으니까 당신도 할 수 있다. 자신감을 가져라"라고 외치며 위험이 가득한 재테크 시장으로 사람들의 등을 떠밉니다. 문제는 이들이 말하는 비법들 대부분이 러시안 룰렛 게임과 같은 위험천만한 방법이거나 예전에는 통했지만 이제는 통하지 않는 낡은 방법이라는 것입니다.

러시안 룰렛 게임은 6연발 회전식 권총에 총알 한 발을 장전한 후 총알의 위치를 알 수 없도록 탄창을 돌린 다음 권총을 머리에 대고 방아쇠를 당기는 게임입니다.

자신감을 가지라고 외치는 이야기꾼들의 일부는 러시안 룰렛 게임에서 방아쇠를 당겨 살아남은 사람들입니다. 앞서 《노인과 바다》를 찍어냈던 작가 원숭이의 경우처럼 러시안 룰렛 게임을 하는 사람들이 많으면 많을수록 살아남는 사람들도 많아집니다. 그리고 미디어에서는 방아쇠를 당겨 살아남은 사람들의 이름 앞에 '재테크의 고수, 투자의 귀재, 현명한 투자자'와 같은 갖가지 수식어들을 붙여줍니다.

여러분이 어떤 마피아 보스의 초대로 방아쇠를 한 번 당길 때마다 100억 원을 벌 수 있는 러시안 룰렛 게임에 참가하게 됐다고 가정해봅시다. 물론 여러분은 총알이 장전된 권총을 본인 머리에 대고 방아쇠를 당기는 위험천만한 짓은 절대로 하지 않을 것입니다. 하지만 제 이야기 속의 여러분은 방아쇠를 당깁니다.

'탕!' 다행히 총알은 발사되지 않았습니다. 여러분은 살아남았고, 100억 원을 손에 쥐게 되었습니다. 그러자 마피아 보스가 여러분에게 이렇게 말합니다.

"용기가 대단하군. 한 번 더 시도하면 이번에는 200억 원을 주겠네."

여러분은 과연 다음 방아쇠를 당길 수 있을까요? 만약 여러분이 방아쇠를 당길 수 있다면, 그 이유는 다음 두 가지 중 하나입니다. '미치거나, 목숨이 두 개이거나.'

하지만 여러분은 미치지 않았고, 목숨도 하나이기 때문에 절대로 다음 방아쇠를 당길 수 없습니다. 그래서 이야기꾼들은 비법을 팝니다. 그들이 방아쇠를 당겨 순식간에 벌어들인 돈과 우리가 직장에서 하루 종일 일해서 벌어들이는 돈으로 할 수 있는 일은 같습니다. 그래서 사람들은 러시안 룰렛 게임에서 살아남은 이야기꾼들에게 열광하고, 방아쇠를 당겨도 살아남을 수 있는 그들의 비법을 알고 싶어 합니다.

맛집 비법을 알게 되었다

누군가 직장에서 하루 종일 일해서 돈을 벌지 않아도 손쉽게 정원이 딸린 집과 외제차를 가질 수 있는 재테크 비법을 1~2만 원대 가격의 책이나 강연으로 판다면 여러분은 그것을 사시겠습니까?

만약 여러분이 셈이 뛰어나다면 그것을 살 것입니다. 책이나 강연을 통해 소개되는 비법이 거짓이라고 해도 1~2만 원이니까요. 만약 그 비법이 사실이라면 여러분은 책, 강연에 지불한 돈보다 훨씬 더 큰돈을 벌어들일 수 있습니다. 그것도 손쉽게! 그래서 사람들은 끊임없이 재테크 시장의 이야기꾼들이 저술한 비법 관련 책과 그들의 강연에 돈을 씁니다. 밑져봐야 본전이나 다름없는 가격에 혹하는 재테크 비법들이 팔리고 있으니까요.

하지만 여러분이 셈이 대단히 뛰어나다면 특별한 이유어떤 궤변을 늘어놓을지 궁금해서가 없는 이상은 책을 사지 않을 것입니다. 누군가가 정말로 직장에서 하루 종일 일해서 돈을 벌지 않아도 손쉽게 정원 딸린 집과 외제차를 가질 수 있는 재테크 비법을 알고 있다면, 그 누군가는 우리에게 절대로 비법을 팔지 않을 것이기 때문입니다.

입장 바꿔놓고 생각해봅시다. 만약 여러분이 재테크 비법을 알고 있다면, 여러분은 그 비법을 다른 사람들에게 알려줄 건가요? 아마 알려주지 않을 것입니다. 왜냐하면 여러분이 재테크 비법을 다른 사람들에게 알려준다면, 그 순간부터 여러분의 비법은 더 이상 비법이 될 수 없기 때문입니다.

우리나라에서 최고로 맛있는 떡볶이를 만드는 할머니가 있다고 해봅시다. 그 할머니가 며느리에게 비법을 알려주었습니다. 며느리가 재테크 시장의 이야기꾼들처럼 비법을 책으로 찍어낸다면 어떻게 될까요? 아마도 책을 읽은 수많은 떡볶이 가게들이 할머니의 떡볶이와 똑같은 맛을 내게 될 것이고, 더 이상 사람들은 할머니의 떡볶이를 최고로 맛있는 떡볶이라고 부르지 않게 될 것입니다.

재테크 시장도 마찬가지입니다. 재테크 비법이 공개되는 순간, 재테크 시장의 모든 참여자들이 그 비법을 적용할 것이기 때문에 비법으로서의 힘을 잃게 됩니다.

다시 말해 만약 '갑'이라는 사람이 자신만 알고 있던 저평가된 주식과 부동산을 골라내는 비법을 세상에 공개한다면, 그 순간부터 주식 시장과 부동산 시장의 수많은 사람들이 같은 비법을 사용해 주식과 부동산을 매수할 것이기 때문에 '갑'은 더 이상 저평가된 주식과 부동산을 매수할 수 없게 되는 것입니다. 이것은 자신이 비법을 공개한 덕분에 벌어진 일입니다.

따라서 진짜로 재테크 비법이 있다면물론 없지만요 그걸 알고 있는 사람은 그 진짜 재테크 비법을 절대로 다른 사람들에게 알려주지 않습니다. 이야기꾼들이 비법을 파는 이유는 간단합니다. 그것이 진짜 비법이 아니기 때문입니다.

이 비법은 영원할 거야!

이번에는 한국에서 최고로 맛있는 떡볶이를 만드는 할머니가 세상을 떠나서 며느리가 떡볶이 가게를 이어간다고 생각해봅시다.

며느리가 할머니의 비법을 책으로 찍어내지 않는다고 해서, 할머니의 비법을 그대로 사용한다고 해서, 과연 사람들이 할머니의 비법을 사용하는 며느리의 떡볶이를 한국에서 최고로 맛있는 떡볶이라고 불러줄까요?

그렇지 않을 것입니다. 세상의 모든 것은 변하기 때문입니다. 불같이 뜨거웠던 애인과의 사랑도 시간이 지나면 식어버립니다. 그런데 사람들의 입맛이야 오죽하겠습니까. 마찬가지로 재테크 시장도 변합니다. 어제까지 통했던 새롭고 혹했던 재테크 시장의 비법도 내일이면 통하지 않는 낡은 비법이 되고 마는 것입니다.

할머니의 비법을 사용한 떡볶이를 사는 사람들이 줄어들 때, 재테크 비법이 예전만큼 성공률을 보이지 않을 때, 그때야말로 비법을 책으로 찍어내야 할 때입니다. 내일부터는 통하지 않을 비법이라고 해도 오늘을 기준으로 과거를 돌아보고 판단한다면 그 비법은 확실하게 통하니까요.

재테크 시장의 이야기꾼들은 자신의 비법이 더 이상 통하지 않을 때 책이나 강의 등의 통해서 그 철 지난 비법들을 내다 팝니다. 이는 마치 유행 지난 구두를 헐값에 내다 파는 장사꾼들과 같습니다. 유행이 지난 구두를 내다 파는 장사꾼들이 과거의 패션 잡지를 보여주며 많은 사람이 신었던 구두라고 선전하듯이 재테크 시장의 이야기꾼들 역시 자신이 비법을 사용해서 성공했던 과거의 사례들을 선전합니다.

어쨌든 분명한 것이 있습니다. 러시안 룰렛 게임처럼 위험천만한 방법이든 이제는 통하지 않는 방법이든 우리가 알고 있는 재테크 비법이 누군가가 알려준 것이라면, 그 비법은 더 이상 비법이 아닙니다.

만약 모임에서 만난 누군가가 여러분에게 재테크 비법을 알려준다고 속삭이면 웃으며 이렇게 말씀하시면 됩니다. "저는 그런 것에는 일절 관심 없습니다."

재미있는 점은 실로 많은 이들이 자신을 앞서 말한 할머니의 떡볶이 비법을 전수받은 며느리로 착각한다는 것입니다. 자신이 알게 된 비법을 소수의 사람들만 알고 있는 '특별한 비법'이라고 여기는 것이지요. 물론 그럴 가능성은 희박합니다. 거의 모든 경우, 여러분이 알고 있는 비법은 이미 많은 사람이 알고 있습니다.

여러모로 지나친 자신감이 문제입니다. '나는 남들과 다르다'라는 생각이 '내가 알게 된 비법 역시 다르다'라는 생각으로까지 이어지는 것입니다. 재테크 시장의 이야기꾼들은 이를 이용해 사람들의 불타오르는 자신감에 기름을 붓고는 어서 방아쇠를 당기라고 종용합니다.

결국 이야기꾼들에 의해 사람들의 자신감은 극단으로 치닫고, 많은 사람이 방아쇠를 당기게 됩니다. 물론 대부분의 사람이 가족들에게 유언장도 남기지 못한 채 세상을 떠나지만 그들은 사람들의 기억에서 이내 잊히고, 방아쇠를 당겨서 살아남은 몇몇 사람들만 세상 사람들의 기억에 남아 널리 회자됩니다.

살아남은 몇몇 사람들은 다음 방아쇠를 당기지 못한 채 이야기꾼으로 변신합니다. 물론 모두가 이야기꾼이 되는 것은 아닙니다. 계속해서 방아쇠를 당기는 이들도 분명 있습니다. 결국 그들은 계속 방아쇠를 당기다가 가족들에게 유언장도 남기지 못한 채 세상을 떠났던 앞선 다른 사람들과 함께 사람들의 기억에서 잊히고 맙니다. 총알이 발사될 때까지 방아쇠를 당겼기 때문입니다.

러시안 룰렛 게임에서 살아남은 몇몇 사람들의 이야기가 새로운 사람들을 러시안 룰렛 게임으로 끌어들이고, 그 새로운 사람들 중 살아남은 몇몇 사람들의 이야기가 또다시 새로운 사람들을 러시안 룰렛 게임으로 끌어들입니다. 이러한 순환은 계속해서 일어나고, 결국 러시안 룰렛 게임은 계속해서 그 명맥을 유지합니다.

나도 재테크 시장을 예측할 수 있다

자신감은 모든 것을 장밋빛으로 물들입니다. 이야기꾼들에 의해 극단으로 끌어올려진 자신감은 총알이 발사될지도 모른다는 최악의 시나리오를 생각할 수 있는 여지를 봉쇄해버립니다. 결국 러시안 룰렛 게임에서 권총의 방아쇠를 당기는 것은 손가락이 아닌 자신감입니다자신감이 없다면 수억 원 대출을 당겨 재테크 시장에 뛰어들 수 없습니다.

흔히 자신감의 크기는 정보의 양과 비례하곤 합니다. 재테크에 대한 정보가 많을수록, 그리고 재테크 시장에 오래 머문 사람일수록 재테크 시장의 위험을 과소평가하게 됨으로써 자신감을 갖게 되는 것입니다. 그 때문에 재테크 시장에서 크게 실패했다는 이들 대부분은 과거 재테크를 곧잘 한다고 소문이 났던 이들입니다. 확실히 아무것도 모른 채 재테크 시장에 받을 들이자마자 크게 실패했다는 이들의 사례를 접하는 경우보다는 과거에 재테크를 곧잘 했다고 알려졌던 이들이 크게 실패했다는 사례를 접하는 경우가 훨씬 더 많습니다. 그럴 수밖에 없습니다. 재테크는 보통 소액으로 시작하기 때문입니다.

처음 재테크 시장에 발을 들일 때는 모든 것들이 낯설고 어렵게 느껴지지만, 관련 정보들을 하나둘 수집하면서 낯설었던 것들이 어느새 익숙해지고, 다른 사람들에게 곧잘 훈수도 두게 됩니다. 그리고 이쯤 해서 많은 사람들이 정보의 양과 질을 혼동하는 실수를 저지르게 됩니다.

자신은 재테크 시장에 대해 많은 것을 알고 있기 때문에 재테크 시장을 정확하게 예측할 수 있는 것은 물론이며, 자신의 개입 여하에 따라 재테크 시장이 다르게 움직인다고 착각하게 되는 것입니다. 다시 말해 많이 알기 때문에 예측할 수 있고, 원하는 방향으로 나아가도록 조종할 수 있다고 믿는 것입니다.

그 때문에 사람들은 해외 주식보다는 국내 주식을 더 많이 매수하고, 타사 주식보다는 자사 주식을 더 많이 매수합니다. 많은 정보를 얻을 수 없는 해외 주식이나 타사 주식보다는 많은 정보를 얻을 수 있는 국내 주식과 자사 주식이 '상대적으로 예측하기가 쉽다'고 생각하기 때문입니다.

하지만 문제는 그 생각이 많은 정보를 얻을 수 있는 국내 주식과 자사 주식은 '예측하기 쉽다'는 생각으로까지 흐르게 된다는 데 있습니다.

여러분이 밤늦은 시간에 집으로 돌아오다가 술에 잔뜩 취한 행인 두 사람을 만났다고 생각해봅시다. 한 사람은 한국인이고, 다른 한 사람은 일본인입니다. 분명 여러분은 일본 사람에 대한 정보보다는 한국 사람에 대한 정보를 더 많이 가지고 있습니다. 그렇다고 한국인의 다음 행동을 예측할 수 있는 건 아닙니다. 다만 일본인에 비해 정보가 많기 때문에 상대적으로 어떤 일이 벌어졌을 때 한국인이 어떤 행동을 하게 될지 더 예측하기 좋은 측면은 있습니다아무래도 한국인은 한국의 행동 양식 등에 맞춰 행동할 가능성이 크겠죠.

많이 아는 것과 잘 아는 것은 다릅니다. 하지만 많은 경우에 우리는 이 둘을 혼동합니다. 또한 잘 안다고 생각했던 것들이 사실은 많이 아는 것에 불과한 경우가 많습니다. 실제로 우리는 잘 안다고 생각하는 많은 것들의 미래를 예측할 수 없고, 조종할 수도 없습니다. 여러분이 가장 잘 안다고 생각하는 사람의 얼굴을 떠올려봅시다. 친구든 배우자든 상관없습니다. 여러분은 그 사람의 행동을 예측하거나 조종할 수 있나요? 재테크 시장도 이와 크게 다르지 않습니다. 여러분이 재테크 시장을 예측할 수 있다거나 조종할 수 있다고 생각한다면 그것은 착각입니다. 어쩌면 희망사항일 수도 있습니다. 재테크 시장은 예측할 수 없으며, 조종할 수도 없습니다. 그리고 비법도 없습니다. 이야기꾼들이 파는 것은 비법이 아니라 단지 자신감입니다.

회의적 사고를 위한 경보기를 켜자

여러분이 영화배우 A의 열성 팬이고, 홍길동이라는 이름의 친구를 알고 있다고 해봅시다. 어느 날 홍길동이 말합니다.

"사실은 나 A랑 사귀어."

이 말을 들으면 우리는 즉각 회의적인 사고를 발동시킵니다 일단 친구의 말을 믿고 싶지 않으니까요. '이럴 수가! 홍길동이 A와 사귀다니! 이게 사실일까?'

여기서 우리가 적당한 정도의 회의적인 태도를 취한다고 할 때, 친구의 주장을 믿기 위해 필요한 증거는 과연 몇 개일까요? 100개? 1,000개? 아닙니다. 단 1개면 충분합니다. 대신 그것은 절대적이고 확실해야 합니다. A를 직접 보여주는 정도의 증거는 되어야 하죠.

이번에는 홍길동이 얼마 전에 헤어진 연인 B와 다시 사귄다고 해봅시다. 이런 경우라면 우리는 일반적으로 회의적인 사고를 발동시키지 않고, 친구에게 사실 증명을 위한 증거를 요청하지도 않습니다. 대신 축하 메시지부터 전할 것입니다.

우리는 모두 회의적인 성향을 가지고 있습니다. 다만 그것이 언제나 발동하지 않는다는 게 문제입니다. 어느 때는 회의적이다가도 어느 때는 회의적인 모습을 전혀 찾아볼 수 없죠.

심청의 이야기를 예로 들어봅시다. 심 봉사는 공양미 삼백 석을 부처님께 올리고 지성으로 불공을 드리면 반드시 눈을 뜰 것이라는 몽운사 화주승의 말을 철석같이 믿었습니다. 심청 역시 화주승의 말에 확신이 없었다면 인당수에 빠지지 않았을 것입니다.

그 후 다시 살아나 왕비가 된 심청은 아버지 심 봉사를 찾기 위해 장님들을 모아 잔치를 벌입니다. 그런데 이상하죠? 심청의 이야기가 앞뒤가 맞으려면 '과거에는 장님이었으나 현재는 눈을 뜬 사람'을 모아서 잔치를 벌여야 합니다. 그런데 심청은 그러지 않았습니다. 이를 '심청의 패러독스paradox'라고 합니다. 앞뒤가 맞지 않는 역설이라는 것입니다.

이 같은 패러독스는 이야기에서만 존재합니다. 현실에서 사람은 일관적이고 싶어 할 뿐, 그다지 일관적이지 않습니다. 우리는 늘 모순적인 생각과 행동을 일삼고, 변덕이 죽 끓듯 합니다. 만약 심청이 실제 인물이라면, 앞뒤가 맞지 않는 부분을 '심청의 패러독스'가 아니라 '심청의 회의적인 사고'로 불렀을 것입니다. 심청 역시 어느 때는 회의적이었다가 또 어느 때는 그렇지 않을 테니까요.

왕비가 되기 전 심청은 몽운사 화주승의 '그럴듯한 말'에 속아 회의적인 사고를 못하고 인당수에 빠졌던 것입니다. 심청의 이야기를 통해 본 것처럼 우리의 회의적인 사고는 그럴듯한 것에는 잘 발동하지 않습니다. 주위 이야기꾼들만 봐도 그럴듯한 배경과 타이틀을 등에 업고 그럴듯한 옷을 입고 그럴듯한 주장으로 우리가 회의적인 사고를 하는 걸 방해합니다. 하지만 그럴듯한 것과 정말로 그런 것은 다릅니다. 중요한 문제를 결정해야 할 때는 반드시 이 둘을 구분해야 합니다. 특히 우리가 열심히 벌어서 모아둔 돈을 어딘가에 투자할 때는 의식적으로라도 마음속 경보기를 켜서 회의적인 사고를 발동시켜야 합니다.

회의주의가 답이다

피노키오는 극장 주인 허풍선이에게 받은 금화 다섯 닢을 가지고 집으로 가는 길에 절름발이 시늉을 하는 여우와 장님 시늉을 하는 고양이를 만나게 됩니다. 절름발이 여우가 말합니다.

"피노키오야, 그 금화로 뭘 할 건데?"

"우리 아빠한테 멋진 외투를 사 드릴 거야. 금이며 은으로 만든 옷에 번쩍거리는 단추가 달린 것으로. 그리고 새 책도 사야지."

절름발이 여우가 걸음을 멈추더니 피노키오에게 말했습니다.

"네 금화를 불리고 싶지 않니?"

"글쎄… 어떻게 하는 건데?"

"얼간이 나라에 축복받은 땅이 있어. '기적의 땅'이라고도 불리지. 그 밭에 조그만 구덩이를 파고 금화 한 닢을 넣는 거야. 그다음엔 흙을 덮고 샘물 두 양동이를 주는 거지. 그리고 소금 한 움큼을 뿌린 다음 잠을 자. 그러면 밤새 싹이 나서 꽃이 피게 되거든. 다음 날 아침에 일어나서 밭에 가보면 밤새 자란 나무에 금화들이 주렁주렁 달려 있을 거야."

"그럼 내 금화 다섯 닢을 다 묻으면 다음 날 아침 모두 몇 닢이 되는 거지?"

"계산은 아주 간단해. 금화 한 닢이 금화 오백 닢이 달린 금화 송이로 바뀐다고 쳐봐. 오백 곱하기 오를 하면, 다음 날 아침 네 주머니엔 번쩍번쩍 짤랑거리는 금화 이천오백 닢이 생기게 되는 거야."

피노키오는 기뻐서 춤을 추며 외쳤습니다.

"와, 신난다! 그러면 난 이천 닢만 갖고 나머지 오백 닢은 너희 둘한테 선물로 줄게."

이 이야기는 동화작가 카를로 로렌치니Carlo Lorenzini의 《피노키오의 모험》을 간추린 것입니다. 작가는 사기꾼 여우와 고양이를 통해서 어린아이들에게 세상의 부정적인 면을 보여줍니다.

우리는 어린아이들에게 코끼리가 하늘을 난다고 믿게 할 수 있습니다 코끼리의 큰 귀가 날개가 된다고 이야기해주면 됩니다. 또 집 근처 저수지에 고래가 산다고 믿게 할 수도 있습니다 며칠 전 외할아버지가 저수지에서 고래를 잡았다는 거짓말을 그럴듯하게 해주면 됩니다. 아무것도 모르는 어린아이를 속이는 것은 쉽습니다.

그럼 많은 것을 아는 어른을 속이는 건 어려울까요? 그렇지도 않습니다. 모든 것을 아는 어른은 없기 때문입니다. 최고의 의사는 자동차 정비에 대해 얼마나 알고 있을까요? 최고의 패션 디자이너는 농사에 대해 얼마나 알고 있을까요?

평범한 자동차 정비사는 자동차 정비에 대한 그럴듯한 거짓말로 최고의 의사를 속일 수 있고, 평범한 농부도 농사에 대한 그럴듯한 거짓말로 최고의 패션디자이너를 속일 수 있습니다. 마찬가지로 평범한 금융회사들과 재테크 전문가들도 각종 투자에 대한 그럴듯한 거짓말로 우리를 속일 수 있습니다. 이것이 바로 우리가 재테크에 대해서 회의적인 태도를 가져야 하는 이유입니다. 이제라도 정신을 똑바로 차리고 객관적이고 냉정한 시각을 가져야 합니다. 눈 뜨고 코 베이는 곳이 바로 재테크 시장입니다.

에필로그

우리가 일상에서 쓰는 경제 용어의 대부분은 줄임말입니다. 가령 금융金融이 그렇습니다. 금융은 금전 융통金錢 融通의 준말입니다. 경제經濟라는 단어도 마찬가지입니다. "세상을 다스려 백성을 고난에서 구제한다"는 뜻의 경세제민經世濟民이라는 말의 줄임말입니다. 세상을 다스려 백성을 고난에서 구제하는 것이 곧 경제이므로, 경제 이야기를 할 때는 보통 사람들의 사는 이야기와 정부 정책 이야기 등을 안 할 수가 없습니다.

하지만 재테크는 다릅니다. 재테크는 자산 증식에 대한 기술에 다름 아니기 때문에 사회 구조의 모순 따위에는 시선을 두지 않습니다. 재테크 시장의 이야기꾼들은 말합니다. "장기 투자가 정답입니다." 정말일까요? 이는 '부분적 참'입니다. 이들이 말하는 장기 투자는 고소득층들만 할 수 있습니다.

생각해봅시다. 1년 11개월마다 실직하는 계약직 노동자들에게 장기 투자가 정답일까요? 아닙니다. 한 달 벌어 한 달 먹고 사는 수많은 영세 자영업자들에게는요? 절대로 아닙니다.

재테크로 돈을 버는 방법은 간단합니다. 일단 어떤 투자 자산을 산 후, 40년이고 50년이고 값이 오를 때까지 끈질기게 버티면 됩니다. 그러면 거의 돈을 벌게 됩니다. 그런데 목구멍이 포도청인 보통 사람들은 그런 전략을 쓸 수 없습니다.

코로나19 사태로 많은 가게가 어려움을 겪고 있습니다. 고소득층들도 그럴까요? 아닙니다. 코로나19 사태에도 명품 매출은 늘고, 은행들은 성과급 잔치를 벌입니다. 동네 코인노래방 사장님이 떠오릅니다. 코로나19 사태로 장사는 못 하는데 월세는 나갑니다. 어쩌다 받는 정부 지원금은 한 달 치 월세의 절반도 미치지 못합니다. 이럴 때 재테크 전문가들은 사장님에게 어떤 조언을 해줄 수 있을까요? '장기투자가 정답'입니다?

이제는 책을 덮고, 재테크 너머를 보세요. 거기에 우리 삶과 오롯한 정답이 있습니다. 끝까지 읽어주셔서 감사합니다.